清水康一朗

おとなのギモン

心のギモンは賢く手放そう

F
フローラル出版

はじめに

この本は、働くあなたの「仕事の悩みがなくなる」「お金も、時間も、人生も豊かになる」そして「人生のギモンに対する答え」が手に入る本です。

「いやいや私の悩みはいろいろあって、そんなに簡単に解決できない」

そう思われてしまうかもしれません。

実際、多くのビジネスパーソンが、職場の人間関係に悩み、会社を辞めたいと思っている、しかも、日本は他の先進国に比べても給料が低い、生産性が低いと、ニュースでも聞いている。悩ましいギモンばかりで、答えがない、そう思われているあなたに、一つお伝えしたい考え方があります。

それは、これからの時代は「絆」があれば、人間関係も、お金の問題も、すべてを解決できるということです。

これからは「絆」が最強の資産である。

私がこれから本書で共有する「答え」は、これまでの常識からすると、意外に思うことばかりかもしれません。自分によいことをすること、相手によいことをして「絆」をつくること、ただそれだけでいいと言っているのです。「絆」を作る方法がある。それで豊かな経済状態も、素晴らしい人間関係も得られるということです。これは「絆徳（ばんとく）」と呼ばれる考え方です。詳しくは本文に説明を譲りますが、これが、本書のテーマです。

「そんなきれいごとや精神論で、うまくいくはずがない」

「本を読んだだけで変わるはずがない」

そう思われるのは当然です。ところが、この「答え」を学んだ何万人もの方々が、現実的に収入がアップした、業績が大幅にあがった、人が辞めなくなった、と言ってくださっているのです。さらに、ビジネスだけではなく、家族の人間関係も、友人関係もよくなり、人生が変わった、というのです。この影響力の大きさには正直私自身も驚いています。

ぜひ、あなたも、さっと目次をみて、気になるギモンの「答え」のいくつかを気軽に読んでみてください。きっと何かのヒントや気づきを得られるはずです。

個人的な話をすれば、私は、中学生の時に「ブラックマンデー」といわれる世界大恐慌を経験しました。会社が潰れる、株価が下がる、などのニュースを意味が分からずに聞いていました。そして、そこから私は、歴史や哲学、経済を学ぶようになったのです。

前職では、外資系のコンサルティング会社で、グローバルな大企業を支援する仕事をさせて頂きました。その中で、西洋的な経済合理性と、東洋的な倫理や道徳といった考え方の違いについて悩み続けていました。

今回挙げた、たくさんのギモンは、かつての私自身や私の友人たちのリアルな声からきています。その「答え」を、読みやすく、ぎゅっと要約したのが本書です。たくさんの人が、この「答え」で、経済的に豊かになり、人間関係の悩みを解決してきました。読んでいるだけで意識が高まり、明日への希望が湧いてくる、そんな本になれればと願って書かせて頂きました。

一人でも多くの人のギモンが解消し、人生が豊かで幸せになっていく「働く幸せ」を実感できる、そんなきっかけとなることを心より願っております。

おとなのギモン　CONTENTS

夏の暑い時でも、冬の寒い時でも、満員電車に揺られながら40分の通勤。

平日は家と職場の行き来ばかり。

休日は家で寝てるとあっという間に終わり、またいつもの日々がスタートする。

仕事は毎日やることが多く、夢や目標を持って！というよりは、とにかく仕事を〝こなす〟ことで精一杯の日々。

一人の人間として全てのお客さまに誠心誠意向き合ってるつもりだが、まれに存在する明らかに理不尽なお客さま。

お客さまは大切だけど神様じゃないから！なんて心の中で思いながらも、口では「すみません」と言っている自分。

そんな精神的ストレスを抱えながらも、なんとか毎日頑張ってる。

その頑張りが報われ、給料が倍になるのか、といえば当然そんなことはなく、いつか大きく花開くはず、と信じてコツコツ頑張ってます。

そんな月日をかれこれ5年？10年？続けている。

もっとよい環境はないかなぁ。会社に行くのが憂鬱だなぁ……

1

もう嫌だ、会社に行きたくありません

Q1

会社に行きたくない。どうしたらいい？

A

『意識が低いまま来られる方が迷惑です』

上司や取引先、部下からのストレス。出口の見えない山積みにされた仕事。これらをこなしているにも関わらず、評価してもらえなかったり、褒めてもらえなかったり、嫌なことを言われたり……そう考えると、仕事はツラいことや、思い通りにならないことばかりです。

ただこのギモンには、すでに答えが出ています。

行きたくないなら、行かなければいい。これです。

そんなこと言われても……と思うかもしれませんし、部下をもつ上司の立場であれば「清水さん、部下に聞かれたくないから、そんなことを言わないで」と思われるかもしれません。

が、しかし、仕事というものは、素晴らしいステート（感情や身体の状態）、つまりベストコンディションで取り組んでこそ、高い成果を出せるものです。それに中途半端なステートで職場に来られること、疲れた顔やツラそうな雰囲気を醸し出されることとは、同僚や上司の立場から言わせてもらうと迷惑なことだし、周りにもマイナスな影響をだしてしまうので、現実的には休んでもらったほうがいいはずです。

これは、単純な甘えといった話ではなく、目的や意図をもって休ませる、ということです。一人の負が連鎖してしまうのが職場の常ですから、もはや、その低いステートは、本人だけのものではなく、職場全体の問題となります。

結局は、笑顔で楽しく仕事ができる「働く幸せ」を実感できる状態は、他の誰かがやってくれるのではなく、自ら作るしかないのです。ですから「行きたくない」と思ったら、まずは一旦休んでリフレッシュしましょう。

仕事から離れ、趣味の時間でもいい、たくさん寝る時間でもいい、美味しいものを食べる時間でもいいです。気持ちや体のステートをリセットして、改めて仕事に向かう意識を高めてから仕事に復帰しましょう。

Q2 どうしたらこの状況から抜け出せる……？

A 『仕事との向き合い方をアップデートせよ』

まずは、仕事との向き合い方を改める必要があります。ただ、それは、現状のようなステートが低い時や、仕事に追われ続けているような毎日の中では、なかなか難しいことですから、今できることは、やはり「まず休む」こと、仕事から離れることです。

いやいや休めないよ、もしくは、休みにくい職場なのです、なんていう人がいるならば、仮病でもなんでもいいので休みましょう。なんなら熱くらい出しておきなさい（笑）。

そのくらいしっかりと休まないとリフレッシュできないものですし、それが今までできなかったからこそ、会社が嫌になったり、絶望や不安感にさいなまれたり、仕事が億劫になったりというループから抜け出せないのです。

本来、人間には自然治癒力が備わっていますので、通常の気持ちの落ち込みや身体の不調は、半日から1日休めば、相当に回復するはずです。もちろん、重度のうつ状態になれば、それは「心の風邪」ではなく「心の骨折」レベルとなっていて、しばらくお休みが必要かもしれません。まず、あなたに必要なのは、自然治癒力が機能するための時間確保です。

善は急げ、です。早速、半日でも休んでみてはいかがでしょうか。もしかしたら、近くの温泉でゆっくりする、マッサージで2時間休憩する、友人とカラオケする、ただそれだけで改善する、ということはよくあることです。

今は未来を気にしないで、自分にはリカバリーの時間が、人生のために必要なのだ、と本気で思ってください。

健康管理は仕事、とも言われますが、休むことで状態をよくすることは、周りのためにも大切なことと理解してください。でなければ、一生このギモンはあなたに付きまとって、あなたやあなたの周りの人を苦しめてしまうことでしょう。

A Q3

転職したほうが早いのでは?

『それは本質的な解決にはならない』

職場がツラいです。ならば転職しましょう。自由に生きましょう。

今の時代は働き方が多様化していますから、そんなアドバイスをする人も少なくないと思いますし、そういった情報もあふれています。もちろん、私も選択肢として転職を否定するわけではありませんし、転職が最適解である状況の人もいるかと思います。

しかし、今回のギモンに対する答えは違います。仕事の態度、仕事の意義をしっかり意識できていない場合、そして何よりも自分自身の「ステートマネジメント(状態管理)」のスキルがないままに転職したところで、結局また次の職場でもよくない結果となるのは、目に見える未来です。

どんな仕事であっても、よい時期もあれば、よくない時期もあるものです。

今では世界トップクラスの時価総額となったApple社も、このまま潰れるのではないか、もう復活できないかもしれないという時期もありました。そのような時に辞めてしまった人と、そこで踏ん張って頑張った人とでは、あとで受け取れる報酬に大きな差が生まれてしまいます。未来を見据えて諦めずに、自分の意識を高めてやり続けることは、現代社会でリターンの大きなスキルとも言えるでしょう。

お金をもらって仕事する以上は「プロフェッショナル」であることは大前提のこと。プロ、というと一流のアスリートをイメージすると分かりやすいと思いますが、彼らは自分のパフォーマンスを高めるために、コンディションの管理を徹底しています。お金をもらっている以上、それが最低限になすべきこと、だからです。自分のステートを管理ができることが高収入の前提です。

自分のステートを高めるスキルについては、後ほどお伝えしますが、転職を考える前に、日々を笑顔で元気に過ごすテクニックを身に着けておくことを心よりおすすめします。

Q4

転職しても変わらないってこと？

A

『会社を変える前に、自分を変えるスキルをもつ』

どのような会社で仕事をするにしても、成果を上げられなければ、評価されません。会社がよくない、上司がダメだ、といっても、そういった制約条件のもとでも結果をだせなければ、転職するたびに、うまくいかずに苦しむ人生が続きます。

やるべきことは、２つだけです。

一つは「状態管理」のスキル。自分の感情や身体的なステートをよい状態に変えるスキルを身に付けること。簡単にいえば、いい気持ちでいること、健康で軽い身体の状態を作ること。笑顔で元気に挨拶すること。そんな状態になれるように、運動や食事を含めて、改善していくこと、リカバリーすることです。

もう一つは「目標達成」のスキル。求められる成果、目標をなんとかして達成すること。これらのスキルは、後のセクションでも、徐々により深い実践法を共有しますが、これらができないままだと、環境を変えても苦しいままです。

そもそも自分で自分をマネジメントできなければ、他人に嫌なことを言われたり、行動を管理されたりしても仕方がありません。朝寝坊して、親に叱られる子供と同じです。

ましてや、自分をマネジメントできない人にとって、他人はもっとマネジメントできないし、思い通りになりませんから、ストレスを強く感じやすいものです。結局は、自分の行動やステート（感情や身体の状態）、そして結果をマネジメントできないと、仕事のストレスはいつまでも減ることはないし、いつも、ふと「仕事を辞めたい」と感じ続けてしまうことでしょう。

今回のギモンは、多くのケースで、その本質的な部分における理解の欠如によるものなので、職場を変え、環境を変えても、肝心の自分自身が変わっていないので、知らず知らずのうちにまた前と同じ状況を作り出してしまい「同じ問題」を繰り返す可能性が高いのです。

Q5 おすすめのリカバリー方法は？

A 『心の疲労は、心への働きかけでは解決できない』

まずは何より身体を動かすことがおすすめです。

運動は、心の疲労物質を洗い流す効果がありますので、休みがとれたら、率先して体を動かす時間を設けましょう。個人的には、便利な社会に生きている現代人こそ筋肉を鍛えるべき、と筋トレをおすすめしていますが、まずは、簡単なところから、朝起きて散歩するだけでも十分です。

また、キャンプなど自然の中で時間を過ごす機会を作ってみるのも効果的です。自分の視野を人工的な物から自然な物に変えてみましょう。比較してみれば明らかですが、自然の中に直線はほとんどありません。が、人工物の多くは直線で作られています。この直線の世界から曲線の世界へと目に映る物を変えることで、心から杓子定規な硬さが取り除かれていくものです。

さらに、休みの日に限らず、日頃から瞑想の時間を取り入れるのも効果的です。最初は2~3分でもよいですから、呼吸を整え、心を落ち着かせる時間をもってみましょう。人間の脳の中では、毎日何万回という思考が浮かび続けているといわれていますので、意図的に思考を落ち着かせる時間を作るだけでも、心も脳もかなりのリフレッシュになります。

ただし、心が疲れている状態は、考えすぎた結果として起きていることも多いので、頭の中だけで考えて対応しようとしても、より一層問題を深刻化させてしまうことがあり得ます。簡単に言えば、呼吸を整えて考えすぎないことです。瞑想の注意点があるとしたら、筋肉の緊張をとる、姿勢を正す、呼吸を整えるなど、身体的な面の準備ができてから取り組むことです。心の疲労は、心への働きかけだけでは解決できないので、ぜひ身体を動かして、すっきりした状態で取り組むことをおすすめします。

そうして心と身体が少しでもリラックスできるのであれば、そこで初めてポジティブに仕事と向き合うことができるようになるものです。

好き勝手に学生時代を過ごし、将来やりたいことや、なりたい姿も特になく、時が流れるまま、ただ〝なんとなく〟で人生を過ごしてきた。

学生を卒業したあとは、他人にすすめられたという軽い動機で受けた企業に受かり、特に好きなことがあるわけでもないが、生活のために仕方なく仕事を始める。

友人の中には、夢や希望をもって、自分の将来のために自らの道を突き進んでる人もいる。そんな友達を横目に「あいつはあいつ、自分は自分」なんて言い訳もたまにしちゃったり。自分にはそういったものがないから、嫉妬や妬みに近い感情だってことはわかってる。

たまにそれについて考えてみるものの、夢や理想なんて今までもったことがないから、結局答えが出ず、よくわからないまま終わってしまう。

職場でもそう。活発かつ献身的に組織や会社に貢献してる人もいるけれど、そんな人をみて自分が思うことといえば「自分にはできない」とか「自分とは違う人だ」とか、そんなことばかり。

仕事ってなんだろう。やりがいってなんだろう。

2

仕事の意味が分かりません

Q1

まじめに働くって、コスパが悪いのでは？

A

『目標が決まると、人生のコスパがよくなる』

日本で働いていても給料が上がらない、未来が見えない、頑張ってもムダと考えている人もいるかもしれません。が、しかし「まじめに目標直結の仕事をすれば、超コスパがよい」と、私は声を大にしてお伝えしたいのです。多くの人は、目標を意識せず、目の前の作業に追われているからコスパが悪いのです。

第一に、目標に向かって真剣にやる、それだけで目標達成のスキルがあがり、成長できます。もちろん、努力する全員が成功するわけではありませんが、成功している人は必ず目標に向かって努力しています。

第二に、目標に向かう姿が信頼と評価を高め、収入がアップの可能性が高まります。

第三に、達成感や満足感が得られるという精神的なメリットも得られます。

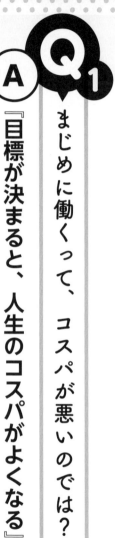

いやいや、結局、何年も時間かかるし、やっぱりコスパ悪いんじゃないか、と言われるかもしれません。ここで私がお伝えしたいポイントは「目標が決まる」ことによって、短い時間で求める結果が得やすくなるということです。

私が好きな言葉を紹介させてください。

一隻の船は東へ、もう一隻は西へ行く、同じ風を受けて。進路を決めるのは風ではない、帆の向きである。By エラ・ウィーラー・ウィルコックス

ウィンドサーフィンやヨットは、目標（行きたい方向）さえ決まれば、帆の向きによってすべての風を前に進む推進力にすることができます。つまり、逆風に見える上司のお叱りも、何かの失敗も、目標がある人には、すべてが学びの機会です。目標がない人は、毎回へこんだり、遠回りしたりして、コスパが悪くなります。目標を定め、達成に本気で取り組めば、評価が高まり、周りから認められ、結果的に人生のコスパがよくなっていくものなのです。

Q2 なぜそこまでして仕事しないといけないの？

A 『仕事は、幸せになるためにするもの』

考えて欲しいのは、なぜ仕事をするのか、ということです。

「そりゃ、お金のため、生活のためです」というのが、大半の答えとは思いますが、そうなると、嫌でもやらねばならない、という意識になってしまいがちです。

本質的な答えを共有すると「仕事は、みんなで幸せになるためにするもの」です。

よく言われるように「はたらく」とは「はた（周り）」を「らく（楽）」にすること。あなたの仕事によって助かる人がいる、あなたの作業、技術やサポートによって、人生がよくなる人がいる。つまり、あなたが「成長」し「貢献」することで、感謝される自分になれる、だから仕事って、本来は楽しくやりがいがあるものなのです。

しかし残念なことに、日本人は、20世紀後半以降「働く幸せ」が得られないやり方を国民全体として学んでしまいました。それが、成功哲学です。

戦後、西洋的な経済合理性の急激な流入と共に、いわゆる成功哲学で、自分の目標達成や経済的な成功を願い、うまくいかないと自分は負け組と感じ、未来を不安に思う精神性を身に着けてしまったのです。

目標を設定し、目標を達成する。とても大切なことですが、できている人は勝ち組、できていない人は負け組と、行き過ぎた個人主義が生まれてしまいました。自分のお金だけを考えて、各自が個人的な成功を求めるようになったことは「働く幸せ」を感じづらい状況を生み出しました。

本来、働く意味とは、みんなでよくなる、助け合うこと。そうやって、スキルを高め「成長」することで仕事が楽しくなる。

他人に「貢献」することで、喜んでもらえて、幸せを感じる。人間本来のこういった感覚を、いまこそ取り戻してほしいと、私は思っています。

Q3 「成長」ってなに？「貢献」ってなに？

A 『あなたに「働く幸せ」をもたらしてくれるもの』

重要なポイントは「働く幸せ」は、あなたの「成長」と「貢献」によってもたらされる、ということです。実は、人は成長すると、それだけで幸せを感じるようにできています。

では「成長」とはなんでしょうか？「成長」とは、いままで見えていなかったものが見えるようになること（盲点の可視化）、いままでできなかったものができるようになること（不可の可能化）。この2つによって、人は成長を実感するものです。

では、「貢献」とはなんでしょう？「貢献」とは、相手が求める結果を実現する働きかけをすること、です。自分は頑張っている、と思っていても、相手（上司や同僚、妻や夫、友人など）が求めているものではないことをしてしまうと、的外れな頑張りになってしまう可能性もあります。そのために、まずは「相手がどんな人で、何を求めているのか」これを言語化すること、それを実現するための知識やスキルを学び続けること、が求められます。

この「相手がどんな人で、何を求めているのか」という質問は「絆徳（ばんとく）の中心的な質問」と呼ばれるものですが「絆徳」については、後ほどのギモンに答えていく中で、明らかにしていきます。

ここでのポイントは、この「働く幸せ」は、会社や上司が与えてくれるものではない、ということです。会社に期待するのではなく、自ら「成長」と「貢献」の機会を作っていくことが大切なのです。

そうしないと、いつまでも自己有用感を得られない、仕事の達成感や楽しさを味わえない、という悲しい状況に陥ってしまいます。早い時期に、この点に気が付けると、経験が少ない時期でも「働く幸せ」を実感しやすくなるものです。ぜひ、この「絆徳の中心的な質問」を意識しながら、自ら「成長」と「貢献」の機会を作っていくことを意識してみてください。

Q4 できない自分が許せない

A 『誰もが人生の初心者』

自分は貢献できていない、成長できていないし、やっぱりこの仕事は向いていない、辞めたい、と思うことがあるかもしれません。そんな自分が嫌だし、できていないことが分かっているのに、それを上司から指摘されたら「それは言われたくない！」と、上司の顔も見たくない、となってしまう気持ちにもなるかもしれません。

でも、考えてみてください。はじめは誰もが未経験の初心者です。ベテランの先輩も、極端な話、世界的な成功者も、最初は全員が新人だったのです。うまくいくことも、うまくいかないことも体験して、人は成長していくものですし、貢献できるようになっていくものなのです。自分はもちろん、上司も含めて、完璧な人はいない、みんなでよくなっていけばいい。

そういったことを「お金を受け取りながら学べるのが仕事」だと思ったら「給料をもらいながら学べる環境」だと思ったら、会社はありがたい存在ですよね。そう考えると、仕事の意味が変わってくるのではないでしょうか。

厳しくて、嫌な上司も、ある意味であなたを鍛えてくれる、どんな人とも付き合えるスキルを磨くための存在ともいえますし、実際、私が見ている世界的な成功者の多くは、親が厳しく、幼少期はきつかった、暴力もあった、環境に恵まれず、その悔しさをバネに成長した、という人も少なくありません。

仕事に限らず、何ごとも慣れない時期、分からないことが多い時は、ツラいものです。初心者の時期に辞めたくなるのは、ある意味で当たり前のことです。そういったうまくいかない時にこそ、自分を褒めてみてください。

「頑張っている私は素晴らしい、私はきっとうまくいく」と。

一日の終わりには「今日も一日、頑張った。えらい！」って、自分の肩をポンっとたたいて、認めてあげて欲しいのです。応援しています。

Q5 でも、やっぱりツラい時はどうすればいい？

A 『きっとよくなる、と思うと、何かが変わる』

たとえば、スキーを始めたばかりの時は、重い道具を持って移動するのも大変、リフトもうまく乗れない、何度も転び、寒いし痛いし、なぜここまでしないといけないのかと思ってしまうものです。サーフィンであれば、波に乗れずにどこかを擦りむいたり、痛みを味わったりしながら、もうヤダ、とやめたくなるかもしれません。

ですが、その先に「素晴らしい体験」があるからこそ、よりよい未来に目を向けているからこそ、人は続けられるものです。何事もツラいところで止めたり、逃げたりしてしまっては、楽しいレベルまでたどり着かずに「あきらめ続ける人生」になってしまいます。もちろん、先にお話したように、無理をしないで休むことも大切です。そして、休んだ後に、また続けていくことが、あなたの「成長」につながるのです。

結局、人間というものは、いくつになっても「永遠の初心者」なのです。仕事だけではなく、スポーツのみならず、上司としても、部下としても、親としても、夫や妻としても、みんな未体験のことを学んで成長し、成熟していくもの。時には、大変なこともある、だから休む。気持ちを高めて、また頑張る、の繰り返し。そうやって「成長」することこそが、人生の楽しみ、仕事の楽しみといってよいかもしれません。

私も、会社を経営していると、当然ツラい時も、うまくいかないと感じる時もあります。でも、みんなが「永遠の初心者」で、それぞれがベストを尽くして頑張ってくれていると思えれば、失敗しても自分や周りを許していける。

もう無理！　って思う時ほど、チャンス。ゲームだって敵が強ければ強いほど、経験値が増えて自分も強くなっていける。長い目で見れば、すべての課題は自分を高めてくれる素敵なギフト。

ツラい時こそ「きっとよくなる」って思ってみてはいかがでしょうか。

本当なら、学生時代、どこのグループにも属したくはなかった。人の顔色をうかがったり、相手の機嫌に気を配ったり、他人同士のいざこざもなるべく起きないように仲介役をしてみたり。

本当はそんなことしたくない、というか、心底めんどくさいと思ってた。でも性格上そこを「気にしない」ということはできなかったし、そのせいで問題が起きることも避けたかった。

だからいつも周囲のことを意識して、普段と違うところはないか、空気が違う違和感はないか、そんなことを探しながら生活していた。

そして、社会人になり、そんな自分をリニューアル！ なんて思いで社会に飛び出してみたけれど……結局は同じ状況でした。

入社の時から同期の顔色をうかがい、配属された場所の同僚や上司、事務のおばちゃんにも気を配る。そして仕事をしていけば、もちろんお客さまの機嫌を損ねないように、大きな事故に繋がらないように、臆病になりながら、空気を乱さないように仕事をする。

一体こんなことをいつまで続けていけばいいのだろうか。でも人間ってそういうもんなのだろうか。人間関係って本当にめんどくさいなぁ……

3

人間関係が面倒くさい

Q1 他人とずっと一緒にいるのが苦手。どうしたらいい？

A 『相手に「よいこと」をするだけでいい』

「鏡の法則」という考え方があります。周りを見てみると、なぜ嫌な言葉や、不快な態度をとる人がいるのだろうか、と思うことってありますよね。この「鏡の法則」によると、実は、その相手の嫌な態度は、自分が無意識にしている相手への嫌な態度の反映、というのです。つまり、あなた自身が、無意識に、相手からみて嫌なことをしてしまっている可能性もあるかもしれないのです。

そのような背景から、人は、他人とずっと一緒にいると嫌になったり、飽きてきたり、小言を言われて面倒くさいと感じ、距離をおきたくなる状況が、仲のよい家族や同僚であっても起こり得るのです。

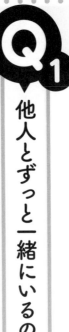

では、どうすればいいのか？

「絆徳（ばんとく）」といわれる心構えで生きていこう、というのが私からの答えです。「絆徳」とは何か？　その定義からお伝えすると「あなたが相手によいことをするので、ずっと一緒にいられる関係性」を意味しています。

ポイントは、相手がどういう人であるかではなく、あなたが相手に「よいこと」をしているかどうかにあります。相手に「よいこと」をすると、相手にとって、あなたと一緒にいることにメリットがあるので、あなたの近くにいたくなります。あなたの魅力が高まり、モテる人になれるともいえますし、ファンが多いインフルエンサーや、お客さまが集まる人気の営業パーソンになれる考え方ともいえます。

絆徳における前半の「あなたが相手によいことをする」が徳の部分、後半の「ずっと一緒にいられる関係性」が絆の部分、この「絆（きずな）」を音読して「ばん」と読み、道徳の徳と組み合わせて「絆徳（ばんとく）」と呼ばれます。この「絆徳」をお互いが意識できれば、お互いに相手に「よいこと」をするようになり、心地よくずっといることが実現していくという考え方です。ぜひ取り入れてみてください。

Q2 よいことをしたい、と思えない相手には?

A 『共通のゴールを設定するだけでいい』

一般的に人は、近くにいて相手を見ると、対立していく傾向があります。たとえば、富士山を遠くで見ていたら美しい、素敵と感じますが、登山中は目の前にいてキツイと感じるものです。他にも、夫婦の場合、結婚前は素敵な人だったのに、時間が経つと、お互いを責めてしまうなんてことも少なくありません。「お金がないのは、妻が使いすぎだから」と夫は思い、妻は「夫の稼ぎが少ないからだ」と思う、など。

では、どうすればよいのでしょうか? 答えは簡単です。相手を見ずに「共通のゴール」を見る、これだけです。お互いにとって魅力的な「共通のゴール」を設定し、それを意識するだけでよいのです。たとえば、サッカーチームに気に入らないメンバーがいたとしても、試合ではゴールを決めるために、パスをして協力しなければなりません。

同じように、夫婦でも「いつか素敵なマイホームに住む」などといった「共通のゴール」が設定できるようになると、夫は「頑張って収入を上げよう」と意識が変わり、妻は「私も節約するね」に変わる。

ゴールが魅力的であれば、相手の欠点を見ないで、ゴールを見て進めるのです。多くの会社は共通のゴールが設定されてなく、残念なことに、相手（のマイナス点）を見て、お互いにネガティブな気分になるということがよく起きています。

だから会社に理念やヴィジョン、目標などが必要になるのです。これらが共有化されていないなら、おそらく、上司・部下はお互いをネガティブに見る傾向があるはずです。

まずは、共通のゴールを定め、お互いを見るのではなく、ゴールに向かっていく雰囲気を作ること。ポイントはお互いにとってそれが魅力的なゴールであること。それを一緒に追求すること、ぜひチャレンジしてみてください。

Q3 煩わしい想いをしてまで、人間関係って必要？

A 『これからの最強の資産は「絆」である』

人間関係を作るのは大変だし、ストレスもかかる、エネルギーも必要。そうなると、特に職場において、無理をしてまで人間関係を作るなんて無駄なこと、会社もどうせいつかは辞めるから無意味……なんて感じている方がいるかもしれません。しかし、私がお伝えしたいのは「これからの最強の資産は絆である」ということ。実際、人間関係を作り、絆が結ばれると、三つの大きなメリットがあります。

まず一つ目に、あなたが精神的なサポートを周りから受けることができるようになることです。優しい言葉をかけてもらう、困ったら助けを求められる。

二つ目に、よい人間関係によって、価値のある情報や知識が得られるようになる、ということ。これは、あなたの成長やキャリアアップにおいても重要なポイントです。

三つ目のメリットは「絆」こそが、あなたの経済状況に直結するという点です。簡単に言えば、親や親族との人間関係がよければ、お金に心配をすることがなくなるはずです。困ったときに助けてくれる身内があるかどうか、現代の日本はこれが失われてきているともいえるでしょう。他にも上司との人間関係がよければ、お客さまとの人間関係がよければ、あなたの収入があがっていく未来は容易に想像できるはずです。さらに言えば、金融機関や投資家とよい人間関係を持てていれば、資金繰りに困る事はないはずです。つまり、人間関係がよくなれば、お金に困らない！　ということです。

これからの時代は、人間関係を煩わしいものと捉えるのではなく、あなたの精神的なサポートにもなり、キャリアの発展にもなり、何よりもお金に影響すると考えて、身に付けるべきスキルと捉えるべきなのです。そのために、まずは相手に「よいこと」をして、絆徳的に生きてみることをおすすめします。

Q4 でもそんな気力がない時ってありませんか？

A 『まずは、自分によいことをする、でいい』

心にゆとりがない時、仕事で疲れていたり、悩んでいたり、ツラい時や悲しい時も、人間にはあります。常に完璧な状態を保ち続けることは、現実的にはとても難しいことです。

そんな時に、明るく元気で、とか、お客さまの前では最高の笑顔で……などと言われてしまうと、より一層ツラくなって会社に行きたくない、もう無理、と感じることもあるかもしれません。

そんな時に私がおすすめしたい心の処方箋は「絆徳の中心的な質問」を自分に向けるということです。つまり「相手はどんな人で、何を求めているのか」という質問を自分自身に向けて「自分はどんな人で、何を求めているのか」を言語化し、日頃から意識しておくのです。自分の状態が下がっているのであれば「相手によいこと」をするのが難しくなりますから、先に「自分によいこと」をすることから始めましょう、ということです。

たとえば、温泉に行って体を休める、美味しいものを食べて満足感を得る、整体やマッサージに行って体の状態をリカバリーする、自分で自分を褒めるなど、ご自身の状態をよいものにすることを試みる、ということ。いわゆる成功者といわれる人々は、自分の求めるものに正直であり、かつ周りの人の求めているものも満たすことができるから、人生がうまくいくのです。

日頃から自分を理解し、自分によいことをすることによって、自分を満たしていくこと、そうすることによって、周りに意識を向ける心のゆとりが生まれます。そのようにして、結果的に相手によいことを実行しやすい魅力的な自分、素晴らしいステートになっていけるのです。

自分が幸せなステートで「相手によいこと」をする、相手もそうだから「自分によいこと」をしてくれる。そんな人間関係以上に、この世の中で大切なことはないのではないかと、私は思っています。

Q5 よく人から嫌われます。なんで？

A 『相手はどんな人で、何を求めているか、を考える』

人から嫌われたくない。これを心配している方はたくさんいる気がします。左記に紹介しているのは、典型的な「人から嫌われる5つの行為」です。人は自分を守ろうとするが故に、もしくは自分が損しないようにするが故に、こういった行動をしてしまうのです。

1. 自己中心的な行動　常に自分のことだけを考えて、他人の気持ちや意見を無視する。
2. 批判的な態度　他人の行動や考えを批判することが多く、否定的なコメントを繰り返す。
3. 無礼な態度　礼儀やマナーを守らず、他人に対して失礼な態度をとる。
4. 不誠実な行動　信頼を裏切るような行為や嘘をついたりする。

5．傲慢な態度　自分が他人よりも優れていると見せようと、上から目線で話す、接する。

こういった行為は、多くのケースで無意識にしていることが多いので、残念なことに嫌われている人に限って、自分はやっていない、何が悪いのか分からないというケースが多いのです。ですから、これをやめましょう、とお伝えしても、本人にはそれが届かず、改善しないまま、嫌われたままになってしまうということが起こりえます。では、どうすればよいのでしょうか？

答えは、シンプル。これまでに紹介した「絆徳の中心的な質問」を常に意識をするだけでいい。

覚えていますか？　そう、「相手はどんな人で、何を求めているのか？」という質問でした。これを意識することによって先述したマイナスな行為が必然的に消えていくはずです。

ぜひ職場や家庭で「相手はどんな人で、何を求めているのか」を意識して接してみましょう。

昔からの友達や、年が近い同僚との飲み会は楽しい、時もある。毎回楽しいかといわれると、時には面倒に感じる時もあるが、でも基本的には楽しい。

なのに、なんで？　なぜ上司や大勢の社内メンバーがいる飲み会はこんなに楽しくないんだろう。

上司に気を遣って、タイミングを見てお酒を注ぎに行かなきゃいけなかったり。上司の自慢話を延々と聞いて、褒めたり笑ったりしなきゃいけなかったり。なかには、ここぞとばかりにダメ出しや、求めてないアドバイスをしてくる人もざらにいる。

会社の飲み会は大体上司の独壇場。上司の上司がいれば、大人たちの醜い張り合いがあったりして、さらに楽しくない。

たしかに日々の仕事でストレスや悩みを抱えてしまうのは理解できるけど、飲み会がそれらの捌け口大会になるなら勝手にやってくださいよ。

なんて、心では思ってますが、それを言えたことは一度もない。

もうこういう飲み会やめません？　正直行きたくないです……

4

会社の飲み会に行きたくありません

Q1

会社の飲み会、参加しなきゃダメ？

A

『行かなくてもいい、けど行ってみるといい』

大前提として、参加しなければならない、なんてことはありません。でも「行きたくないから、行かない」では、ご自身の中でも納得できる答えにはならないと思います。そこで、ここでは、そもそもの「会社の飲み会」の意義を考えてみたいと思います。

最初の視点は、シンプルにコミュニケーションの場。自分が上司でも部下でもそれぞれの立場の人たちが、普段は何を考えているのか、つまり上司や同僚の「価値観」や「会社の文化」などを理解し、共有できる機会となります。

ですから、ただ雑談をするだけではもったいない。もし、あなたが部下の立場であるならば、上司には仕事の「価値観」を聞く質問を投げかけてみましょう。コミュニケーションにおける「質問のスキル」を高めるだけで、会社の飲み会は、役に立つ場、学びの場になるはずです。

たとえば「あのプロジェクトで、なぜ成功できたのですか?」(他にも、なぜトップになれた?なぜ商談を成立できた?)など上司が気持ちよく話をしやすい話題を投げかけてみましょう。そうすれば上司は成功談を、これでもかと披露してくれると思います。

逆に、部下をもつ上司の立場であれば、部下が楽しく話したくなるような質問をすることです。

このように相手を乗せるような話し方をすると「なんだか、あざとい」なんて感じる方もいるかもしれませんが、相手がよい状態や高いステートになれるのであれば、それは大切なリーダーとしてのスキルともいえます。他人を騙す意図と、相手に「よいこと」をする意図で取り組むのとでは、得られる結果が全く違います。他人とコミュニケーションをはかる場で、相手にも喜ばれる、自分も幸せになれる、のであれば、むしろ積極的に学び、活用すべきスキルといえるのではないでしょうか。

Q2
飲み会って、時間効率が悪いですよね？

A
『効率的ではない、だからいい』

現代社会は、誰もが忙しく、食事の時間をゆっくり取ったり、コミュニケーションを楽しんだり、といった心のゆとりがなくなりつつあります。日頃から家庭でゆっくりと食事をしながら会話を楽しむという習慣がなくなりつつあり、家族の会話ですら業務連絡のようなものになっている。

果たしてそうやって、一人でYouTubeの映像や、Netflixでドラマや映画を「早送り」で観て楽しむことが、効率的で生産性の高い人生なのでしょうか。そういったことでしかストレスを発散できないと誤解している現代人は孤独を感じやすくなっているものです。

つまり、飲み会や食事での会話を純粋に楽しむことの素晴らしさ、心のつながりや「絆」の価値を、現代人は忘れてしまっているのです。効率や生産性といったものを考えなくてもよいリラックスした時間が、時には人生に大切な意味のあるものだということを見失っているのです。

もちろん、度を超えて何時間も飲み続けたり、徹夜でカラオケしたりしていたら、確かに時間効率が悪いかも……ですから、単純に時間を決めて実施すればよいことです。

会社の飲み会で楽しめる、リラックスできるのであれば、一人で孤独を感じなくても済むし、悩みも相談できる、本来は、ありがたい時間になるはずです。そういった効率やメリットを考えず、ただ楽しい時間をもつことも、人生には重要なのです。

会社の飲み会を価値ある時間にする心掛けや工夫によって、むしろ意味のある、楽しい時間として過ごすことができるようになります。いままでは、会社の飲み会なんて遠い世界とか、自分とは違う、と思っていたかもしれませんが、気軽に話してみると、素敵な心のつながりを味わえた、なんてこともよくあることだと私は思います。

Q3 そもそも飲み会での会話が苦手なのですが……？

A 『コントロールを手放すと愉《たの》しくなる』

何よりも、そもそも「飲み会での会話が苦手」というギモンは、端的に言えば、コミュニケーションスキルが低い、もしくは「他人そのものが苦手」という人が感じやすいことではないかと思います。

他人とのやり取りが得意ではない、人が苦手と感じる理由をはっきり言ってしまえば、それは「コントロールできない」と感じているからに他なりません。

現代人は、欲しいものがあれば、オンラインで注文して、すぐに届くという「便利の極み」のような時代に生きています。だから物事が思った通りにならない、時間がかかるなど、それだけでストレスを感じやすくなってしまっています。すべての物事が思った通りになる状態に慣れてしまっているので、コントロールできないことがとても嫌なのです。

飲み会での会話は、ざっくばらんで様々なテーマとなることが多いため、想定外の話になって、自分が思った通りに言いたいことを言えないとか、分かってもらえないなど、コントロールできない状態をストレスに感じる人もいることでしょう。

結論、会社での飲み会を楽しもうと思ったら、コントロールを手放すことです。自分が評価されること、認められること、話を聞いてもらうことを求めるのではなく、相手との対話を純粋に楽しむこと、周りが楽しんでいる笑顔を見て、嬉しいと感じる心を取り戻すことです。

行動の予想がつかないような人、自分のコントロールの通りにならない人、自分が期待した通りの言葉を言ってくれない人が、飲み会にいたとしても、あくまで「飲み会」です。ただ笑ってみていればよい、聞いていればよいのです。まじめに対応しようとすると、気疲れします。無理をする必要はありませんが、コントロールへの執着を手放すことや、肩の力を抜く練習としても、飲み会は効果的です。ぜひ、気楽に愉《たの》しんでください。

Q4 そこまでして、そもそも飲み会にメリットあるの？

A 『居心地の悪い場所ですら、メリットはある』

飲み会に参加するメリットはいくつもあります。これまでに話してきたように、コミュニケーションが促進されることは、大きなメリットの一つといえます。日頃の会議や業務中には話しづらいことでも、リラックスした環境での会話によってお互いを理解しやすくなるはずです。安心感が生まれ、心の絆を感じ、お互いがずっと一緒にいたい、と感じられる状態を作ることが可能になります。

組織的な視点でいえば、離職率の低下や定着率の向上にもつながるはずですし、また、単純に楽しい時間を過ごすことによるモチベーションの向上も挙げられるでしょう。他には、組織の文化や価値観が共有化されることによって、あなたの仕事がしやすくなるというメリットもあります。

たとえば、上司は仕事のスピードを求めるタイプなのか、もしくは正確性を求めるタイプなのかによって仕事の進め方が変わってくるはずです。これを飲み会で理解できれば、仕事にもよい影響があるはずです。

そして、何より「出会い」というメリットもあります。組織が大きな会社なら、存在は知っているけど、話したことはない、という社員もたくさんいることでしょう。でも、飲み会なら、このような人とも交流が得られます。

結論として、居心地の悪い環境、苦手な人が多い場でも、自分自身のコミュニケーションスキルの向上の場や、人間関係づくりの場だと思えば、すべての場にメリットがあります。

人間関係の豊かさは、人生の豊かさに直結するので、このような出会いの機会を活用することは、今後の人生の質を高めるためにも重要です。

私が尊敬する経営者も、自分より実績を出している成功者の集まりに行くと、自分が小さく思えて居心地は悪いけれど、学べることが多いから参加するようにしている、とおっしゃっていました。ご参考までに。

Q5

じゃあ結局、飲み会は参加したほうがいいってこと？

A

『人生の質は、あなたのコミュニケーションの質で決まる』

人生の質は、あなたのコミュニケーションの質によって決まる、ともいえます。そのスキルアップの場として、飲み会は有効に活用できる、ということです。実際、コミュニケーションスキルが低いまま年齢を重ねたら、人生がみじめなものになってしまいます。

覚えておいてほしいのが「あなたのコミュケーションの意味は、相手の反応で分かる」ということ。つまり、相手が嫌な反応を示すのであれば、あなたはそうなるようなコミュニケーションをとってしまっている、ということを理解することが大切です。

人生の質をよりよいものにするために、こういう視点で対話スキルを高めること。その練習ができるだけでも、飲み会の価値があるというものです。

人と話すのが苦手という方は、とにかく飲み会をアウトプットの練習の場として活用しましょう。日常業務の中で、アウトプットしようとしても、プレゼンの機会や発表の場となると、どうしても失敗を恐れたり、プレッシャーで萎縮してしまったりしがちです。一方で「飲みの席は無礼講」と気楽にとらえてもらいやすい場ですから、心に余裕をもってチャレンジできます。

ここまで書いてきたように、考え方によって、飲み会にはさまざまなメリットがあります。が、これらのギモンへの答えをご覧になった上で、いかがでしょうか？

それでもやっぱり参加したいとは思えない？　ならば、もちろん無理に参加する必要はありません。当然、どんな仲間が参加するかにもよりますし、私たちは、全員がそれぞれの特性を持っています。自分の性格や価値観を無視してまで飲み会に参加することで逆にストレスを増やし、成果を損なう可能性もあります。人間関係の構築はたしかに大切ですが、無理をする必要もないですし、状況に応じてその場に行くべきか否か、を判断してみてもよいと思います。

小さい頃は、兄弟や近所の子どもたちと比べられてきた。あの子は何ができるとか、何を覚えるのが早いとか。

学校に通いはじめたら、テストというもので自分の評価を決めつけられ、上下が存在する「順位付け」を余儀なくされる。

そんな学生生活を10年以上過ごし、嫌気がさしているのにも関わらず、社会に出るとそれは悪化する。

新人同士で、できるできないがあり、できる人は上司から気に入られ、見えないけれど、そこには確実に「実力差別」があるように感じてしまうこともしばしば。

そうした比較や評価の環境に身を置き続けると、己の能力と他人の能力を比べる「癖」のようなものが、自分の中で定着し、そこに「差」があると、苛立ちやストレスを感じるようになってきた。

でも、今更そんな気持ちを持つなと言われてもなかなか難しく、上手く付き合っていくしかない。

はぁ。他人と比較したり、嫉妬したり、もう嫌です。

5

他人との比較や嫉妬はもう嫌です

Q1

自分より成功している人へ嫉妬、どうしたらいい？

A

『嫉妬には2種類ある』

嫉妬には、実は2つの種類が存在します。まずは自分の嫉妬がどちらなのか、そこから判断していきましょう。

嫉妬の種類、それは、健全な「願望からくる嫉妬」と、不健全な「渇望からくる嫉妬」の2パターンです。

健全な願望からくる嫉妬は、多少の悔しさや憧れがあって、自分もできる、そうなりたい！　けれども今の自分にはまだ足りていない、頑張ろう！　という努力の源となるような嫉妬心であり、ポジティブな効果を生むこともあります。嫌な気分にならない前向きなイメージです。

問題は、もう一方の「渇望からくる嫉妬」のほうです。これは正直、かなりタチが悪い。これを感じると、なぜか相手に対して「悪い人」、「苦手な人」といったネガティブな意味づけをし始めます。さらには、根拠もないのに、あいつはズルい人間だとか、騙しているに違いない、嘘つきだ、などというような、迷惑きわまりない決めつけのストーリーを作ることさえあるのです。

さらには、そのストーリーと実績を絡めて「その人がダメな理由」や「悪い人間だという根拠」を妄想することもあります。

たとえば「そういえば、あの時は客を騙して売上をあげていたのかも……」とか「虚偽の報告で評価をあげたに違いない……」といったものです。

そこまでいくと、その人を認めたくないという気持ちが次第に肥大化し、徐々に相手の足を引っ張る行動が増えたり、さらには悪い噂を周囲に流したりして、相手を陥れようとし始めます。極端に聞こえるかもしれませんが、渇望からくる嫉妬は、ここまで人を狂わせる可能性のある、本当に恐ろしいものなのです。

ここから抜け出すには、健全な方に心を切り替えていくしかありません。ポイントは、渇望から離れること、ネガティブな気持ちで他人と比較することをやめることにあります。詳しくは、次頁以降で見ていきましょう。

A Q2

人との比較って悪いこと?

『ライバルによって、成長を加速できる』

他人との比較が悪か、というと全くそんなことはありません。前頁では、嫉妬における悪いパターンをご紹介したわけですが、ビジネスの世界では、切磋琢磨して競い合って、結果的に飛躍的な成長をすることがあります。そう考えると、むしろ、他人との比較は悪いどころか、効果的な面もあるといえます。

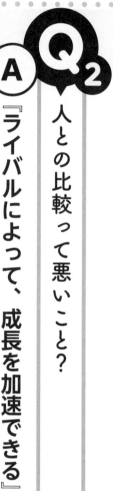

では、嫉妬をどう利用したらよいのか……それは健全な努力目標として、あなたの成長につなげることです。

誰かの才能や実績を目の当たりにして「悔しい!」「あの人みたいになりたい」「あんな風に認められたい」といった気持ち、またはそれに近いような心にグッと何かが刺さるような気持ちになった経験があるのであれば、その気持ちを最大限に活用しましょう。競争心や刺激をバネに、今まで辿り着けなかった目標を設定して、進化・成長のチャンスにするのです。

たとえば、経営者が集まれば、無意識に「売上」による比較でヒエラルキーができることが多いもの。不思議なことに、本来は「利益」や「純資産」が、会社の成績として意識すべきポイントなのですが、分かりやすい「売上」の比較に目が行きがち。

営業パーソンが集まれば、同様に「売上」や「収入」の比較になるし、管理職が集まれば、会社名や肩書で比較がされます。もちろん、他にも比較のポイントとして、見た目の美しさや服装、背の高さや学歴を気にしている、ということもあり得ます。

このような比較からただ嫉妬しているだけでは、もったいない。せっかく比較をしているならば、それを自分の進化・成長や、独自の強みを作るきっかけとして健全に活用できればよいのです。

つまり、あの人ができているなら、自分もきっとできる！　といった「参考となる目標」「成長ポテンシャル」と意味づけすればよいのです。

A Q3

比較や嫉妬の世界から解放されたい！

『渇望を願望にアップデートする』

強すぎる比較の意識や嫉妬心は「苦しみ」を生み出します。その原因は、自分の内面ではなく、外の世界を意識しすぎることにあります。

解放されるには、自分の内面を見つめること、人生の目的や目標を定めて「渇望」を「願望」に変えることです。渇望は、いつまでも不足感が付きまとう厄介なものですが、願望は、目的や目標への自分の努力を生み出しますし、よりよい未来への原動力になります。いつまでに、どこまで、何を達成したいと思っているのか、自分の「欲しいもの」を明確な目標として設定することで、健全なエネルギーとして活用できれば、ネガティブな嫉妬から解放されます。

この内面の「願望」がはっきりすると、あなたは嫉妬から解放され、いままで嫉妬の対象だった相手は成功のモデル、学びの対象になります。つまり、目標となる高い成果をだす人を、目標設定の基準として参考にするのです。たとえば、営業職であれば、その人は毎週何件訪問して、その中で商談になるのは何件で、最終的な受注は何件なのだろうか、と参考にするのです。

さらには、その人の背景にあるもの、つまり優れた結果を出している原因にも目を向けてみる。もしかすると、相手はみえないところで努力している素晴らしい人かもしれない、という一面が見えるようになります。

このように嫉妬をきっかけに、他人のよい部分を知ることができれば、自ずと自分の伸び代や今後やるべきことが明確になります。そうしていくうちに、嫉妬心は、ただ自分にネガティブな気持ちを植え付けるものではなく、自分の成長に必要なものを教えてくれる、いわばヒントのようなものになっていきます。

「渇望」を「願望」に切り替える、それだけで、結果的に素敵な自分になっている、なんて未来を予想することも可能だと思いませんか?

Q4 比較からくる嫌な気持ちが消えない。どうしたらいい？

A 『大切にすべきものを決めてしまう』

人との比較によって嫌な気持ちを感じるのは「渇望による嫉妬」の証拠です。この「渇望」とは、欲しいけれど得られていない対象に対して起きるネガティブな感情です。いつまでも満たされることがない、もしくは手に入れても、もっと欲しいと際限なく求め続ける衝動的な感情。つまり、自分が得られていないけど、他人が得ていることへの渇望的でネガティブな意味づけが、嫌な気持ちを生んでいるのです。残念ながら、これでは成長につながりません。

これまでお伝えしたように、ここでの答えは、比較した対象者を、自分の「進化・成長」の機会、または「単なる目標」と意味づけることです。

その実践方法は、「自分は自分、他人は他人」と割り切って「自分軸」で生きていくこと、です。何より、真に「自分が大切にすべきもの」を決めて、それ以外の余分なことは考えない、と決めること。自分が決めた目標の達成だけに集中し、その他のノイズを気にしないことです。

人は、売上や学歴などの分かりやすい比較の対象を、自分が実現できていないと、嫌な気持ちになりがちです。一般的には、同じレベルの人とは、つながりや仲間意識が生まれますが、自分より高いレベルの人といると劣等感、自分より低いレベルの人といると優越感を感じやすいものです。

本来は、人のレベルに高いも低いもないのですが、人間とはそういうものなのだ、と最初から分かっていれば、その感情を効果的に使うことができるようになります。つまり、同じレベルの人といて、安心領域だからと満足するのではなく、切磋琢磨して自分を高める意識を持ち続けること。

自分より低いとか、高いと感じるのであれば、どちらからでも謙虚に学ぶ姿勢をもち続けることです。「自分軸」で生きていけば、人は誰からでも、どんな相手からでも学び、成長することができるのです。

「自分軸」については、次頁でまた詳しくお話します。

Q5 自分軸ってなんですか?

A 『しなくていいことをしないこと』

当然の話ですが、大人になれば、子供と比較して争うことはしません。小学生で気にしていた学校の成績なんて、社会人なってみれば、どうでもよいほど気にならなくなるものです。しかし人は、大人同士となると周りを気にしすぎて、しなくてよい余分な気を遣うことが多いもの。

ここで今回の答え「自分軸」で生きていくとは「しなくていいことをしない」という生き方だと、覚えておいてください。ネガティブな比較や嫉妬は、その最たるものです。嫌な気持ちになったり、人とぶつかったり、不安になったり。

仏教の創始者である仏陀《ブッダ》は「犀《さい》の角のようにただ独り歩め」と表現しました。「世界にひとつだけの花」という歌にもあるように、自分の居場所で花を咲かせればいい。あなただけの「独自の価値」を認識し「自分は自分」と、自分の人生を輝かせていくのです。

ただ誤解して欲しくないのですが、これは「勝負をあきらめる」とか「ルールを守らなくていい」といった話とは少しニュアンスが違います。他人との比較ではなく、高い志や明確な目標をもって進もうという提案です。

「自分軸」ができると、冷静に落ち着いて相手をみることができるようになるので、その背景にある、その人の工夫や努力に気が付けます。目標達成のヒントが得られるので、ライバルへの感謝の気持ちすら起きてくる。そう考えると、ネガティブな嫉妬心は、相手の「いまの結果だけ」をみるから起きてしまうことが分かります。

「自分軸」をもっと簡単に言えば、未来の夢や志に集中し、それ以外の余分なことをしないこと、です。

「あの人のようになりたい」「負けたくない」と嫉妬したのなら、その感覚がヒントになります。そこにあなたの本当の夢や志、そして「自分軸」のヒントが隠れているかもしれません。

私は昔から、ほどほどに器用というか、どんなことも少しやればある程度要領をつかむのが早い方だと思う。事実友人やクラスメイトからもそういった声をもらうことも多く、先生からもそんな評価が多かったので、多分そうなんだと思う。たとえば勉強方法なんかも、自分なりに工夫したので人より覚えるのが早かったり、効率化を図ることができた。

ただ社会人になると大きな壁にぶつかる。とめどない仕事の量だ。

勉強であれば、テスト範囲を勉強したら終わり、とか、宿題はここまでやったら終わり、というわかりやすいゴールがある。

しかし仕事の場合はそうはいかない。仕事が終われば、また次の仕事がある。そして、それをまたこなすとさらに次の仕事がある。

つまり、効率よくこなせばこなすほど、与えられる仕事の数は当然増えてくるわけで、だからってサボろうとすると、なんだかそれは自分が許せなくて。

どれだけ頑張って効率よくスムーズに仕事をこなしても、次から次へと降りかかってくる仕事。どうやったら仕事は終わるんでしょうか。いや、仕事が終わるってなんなのでしょうか。

6

仕事が終わりません

A Q1

もっと楽に仕事する方法ってありませんか?

『仕事を楽にする3段階の解決法』

世の中には、数えきれないほど仕事の種類がありますし、環境も違うので、こうすれば楽になる! というのは、正直なところ人によります。

ただ個人的な結論をお伝えすると「楽をしたい」なんていっていたら、将来、楽できないから、成長するしかないよ、すると楽になるし楽しくなるよ、というのが私の答えです。ですが、それをいったら、ここで話が終わってしまうので、今回は3段階の解決法をご紹介したいと思います。

まず一つ目のステップは、ツール(道具)をアップグレードするということです。つまり、自分の周りにあるものや、その使い方をアップデートするという段階です。

ツールとは、たとえば、パソコンやスマホなどはイメージしやすいと思います。他にも移動に使う車はもちろん、営業職なら自分のプレゼン資料、製造業なら各種の機器や工作機械がツールとなるでしょう。それらをメンテナンスしたり、最新のバージョンに更新したりして、仕事を楽にするということです。

他にも、無理をしないでも売上があがる「勝ちパターン」を作ること、販売プロセスや営業トークといったマーケティング戦略や戦術をブラッシュアップすることも含みます。スケジュール管理や、チャットで業務コミュニケーションをとるツールなども有効に活用すれば、仕事は非常に楽になるはずです。

また、仕事で使うパソコンやスマホの処理速度が遅ければ、それだけで仕事の生産性は下がります。そこにストレスを感じるのであれば、多少追加の投資をしても、それらのツールをアップグレードして生産性をあげたいものです。機種変更したり、効率のよい他のアプリを探してみたり。そうやってツールをアップグレードするだけで、仕事は今よりずっと楽になるはずです。

Q2 ツールが増えすぎて困っています。

A 『やらないことを決める、捨てるものを決める』

仕事を楽にする3段階の一つ目に取り組み、ツールをアップグレードし、便利な器具やガジェット（小道具）などを買いそろえていくと、モノや情報が増えすぎて、むしろ大変！　という状況もよくあることです。

周りにモノがあればあるほど、人の関心は奪われ、集中力が下がり、余分なことに時間を使うようになります。仕事を楽にするために、ツールや情報をアップグレードしたはずなのに、むしろそれらによって、我々はより一層忙しくなり、それらを使いこなさないといけないし、情報をキャッチアップしないといけないなどと、追い詰められるような感覚を多くの人が感じているのではないでしょうか。

結論からお伝えすれば、これを解決し、仕事を楽にしていくには、何よりも

「やらないことを決める」ことです。たとえば、この時間の中では絶対にYouTubeは見ないとか、企画書を作るのであれば、その間はメールチェックをしないなど、やるべきことをしている間は、それ以外のことをしないという方法です。そのためには、作業しているときには、机の上やPCのスクリーンには、余分なものが目に入らないようにする、メールなどメッセージの通知が来ないようにする工夫も効果的です。

作家リズ・ダベンポートの調査によると、平均的なビジネスパーソンは、ものを探すために年間150時間も浪費していると言われています。元ある場所に片付けをする。毎回、どこにあるか探すようなことはしないようにしましょう。

さらにもう一つおすすめなのが、余分なツールや情報、各種の資料など使うかもしれないと思って、保存しておいたものを思い切ってして捨ててしまうことです。私の体験上、過去一年使っていない資料やモノは、捨てても全く問題はありません（現実的に、捨てて問題があるものであれば、気づくはず）。

ぜひ、試してみてください。

Q3 仕事を楽にする、2段階目はなんですか？

A 『スキルのアップデート。まずは90日だけ集中』

次のステップは、内面的な成長によって仕事を楽にする方法です。ツールといった外部のアップグレードではなく、内面のアップグレード、つまりあなたのスキルアップです。

PC、スマホ、インターネットといったツールは便利だけれど、それらを使いこなすスキルアップが、この2段階目。

具体的には、ワードやエクセルなどのオフィス系のツール、他には検索エンジンやAIを有効に活用するスキルも必要です。肉体を使う作業なら筋トレをしたり、動作の練習を繰り返したりして、必要な動きを体に染み込ませる、といったことも大切なことです。営業の販売スキル、ドクターの施術スキル、料理人の調理スキル、サービス業の接客スキルなども含みます。先輩や成功者が、楽に仕事しているようにみえるのは、経験を積み、スキルを高めているからです。

このような話をすると、それができたら苦労しない、というか、そもそも「楽」をしたいから、この本を読んでいるのに、スキルアップに取り組むなんて、ぜんぜん楽じゃない！ と思われたかもしれません。

そんなあなたにおすすめの方法は、90日だけ集中する、という方法です。なぜ90日かというと、息切れしないで、なんとかやれる期間だから。そして、一般的に評価対象となる四半期（3ヶ月）だから。

この間だけは誰にも負けないほどやり切ってみる。そうしたらその後は、今より確実にスキルアップして、楽になっていることをお約束します。さらに言うと一旦集中できると、短期間でたくさんのことが学べるので、現実的には評価があがり、仕事が楽しくなるという体験すら起きます。

結果、90日では物足りなくなって、継続してもっと楽に楽しくなるはず。だまされたと思って90日だけ集中してやってみてください。

Q4 仕事を楽にする、3段階目はなんですか？

A 『自分が動くのではなく、他人に動いて頂く』

最後のステップは、ツールでもなく、スキルアップでもなく、他者との協力によって、自分の「楽」を生み出す段階です。シンプルにいえば、リーダーシップを高めて、他人を動かす、ということ。自分が動いてなんとかする段階から、みんなでうまくやる、というレベルの話です。

いやいや、部下がいるから苦労している、コミュニケーションで悩んでいる、という方もいるかもしれませんし、他人に頼むと遅いし、自分でやった方が早いから、自分でやった方が楽！　と思っている人もいるかもしれません。が、結論から言えば、それは多くのケースで

①　コミュニケーションのツールが機能してない。

②　他人の協力を得るスキルが足りていない。

ことによって起きています。

つまり、この3番目のステップの楽は、第1、第2ステップを経てきた人しか、たどり着けない楽なのです。もし、ツールもアップグレードされず、自分の視点やスキルも低いまま、運よく（いや運悪く）会社からリーダーとして任命され、部下を任されたとしても、結局待ち受けているのは、他人をうまく使うことができず、自分のストレスや負担が増えるだけ、という残念なオチ。

たとえば、マニュアルや会議で使う資料のテンプレート、実行管理のツールも活用せずに仕事の依頼をしていたら、うまくいかなくて当然です。

他人を使う。確かにこれは理想的な「楽」ですが、しっかりとリーダーシップを学んでいないと、楽どころか苦労が返ってくることが多いものです。他人の労力と時間を使う場合、他人を「従わせる」では、うまくはいきません。正しくは「喜んで楽しんで働いて頂く」という状態を目指すのです。

そのためには、部下にもあなたが経験してきたステップの1と2を、一つずつ経験させて学ばせせてあげればよいのです。

Q5 結局、楽は簡単に手に入らない、ということ？

A 『なすべきことをなす、これが楽につながる』

ポイントは「なすべきことをなす」これに尽きます。マネジメントの父と呼ばれるピーター・ドラッカーは、その著書で「私が知っている成果をあげる人は、気質と能力、行動と方法、性格と知識と関心など、あらゆることにおいて千差万別だった。共通点は『なすべきことをなす能力』だけだった」と語っています。

つまり、多くの人は、本来やるべき成果直結の活動ではなく、社内の雑談や噂話（本来は、課題解決など意味のある会話をすべき）、必須でないメールのチェックや、無駄の多い事務処理、不必要なSNSやYouTubeなどに時間を使って、仕事の成果がでていないから、楽できていないのです。

こういったこと、つまり「今」やらなくていいことはしない、自分が最も高い成果をあげられることだけに時間を使う、これが第一歩です。そして、成果直結の「なすべきこと」に集中していれば、仕事はかなり楽になるはずです。

たとえば、新人が部下になった場合の「なすべきこと」は、完全なマニュアルを用意すること、そのうえで仕事の内容（具体的に言語化された最終的な結果、①期限、②量、③質）を正確に伝え、それぞれのツールを上手く使えるようにフォローしてあげる。また、仕事を覚えていく上で効率のよい勉強方法を教えてあげる。こうやって新人が「成果をあげやすい」土台を提供してあげることが必要かもしれません。

「いやいや、清水さん、それが大変だから困っているんです」と思われるかもしれませんが、これらは全て必要な「なすべきこと」です。

「なすべきこと」をないがしろにして、目の前のやりたいことや、やりやすいこと、思いつきのプロジェクト、などをしているから仕事はツラくなるのです。地道な「なすべきこと」の積み上げによって、本質的な意味において人は成長し、結果的に仕事が楽になっていき、そして楽しくなっていくのです。

学校とか会社とか社会とか、組織の中で生きる、みたいなのは正直苦手です。昔から他人と同じことを強要されるのは好きじゃないし、他人がやってることを真似する気にもならない。

自分は自分の道を進みたいし、人の力を借りずにできるだけ一人でなんでも達成したい。だから、他人と協力することが、前提となっている場って結構苦手です。

自分のことに集中してたのに、誰々の面倒をみてあげてとか、あそこの部署の応援行ってあげてとか言われて、自分の仕事もまだ残ってるのに、他人の手伝いをしなきゃいけないのがすごくストレス……

それだけじゃない。たまに会社内での派閥争いみたいなのもあって。なんであいつの言うことばっかりきくんだとか、あいつと距離近くないかとか。私の勝手でしょっていう領域まで助言してきたり、文句を言ってきたり。

自分の仕事に集中しようと、スルーしていると、あいつは愛想がないとか、わがままだとか言われて。

もうどうしたらいいんだろうって思います。

組織って本当に疲れる……

7

組織で仕事するのは苦手です

Q1

組織が苦手。どうしたら楽になじめますか？

A

『感謝、共感、本気の関与』

人間の脳は、体重の2％の器官ですが、摂取エネルギーのなんと20％も使っているとのこと。燃費が悪いと思うかもしれませんが、人類学者のロビン・ダンパー氏によると、人間の脳は人間関係の維持に大量のエネルギーを消費するというのです。夫婦や会社など、関係性に苦労した経験や、気を遣う、疲れるという経験があるなら、それこそまさに、脳が大量にエネルギー消費している証拠です。つまり、組織が苦手というのは無理もないお話だということです。

では、どうすればよいのか？　簡単に組織になじむ方法が3つあります。最初は感謝、ありがとう、です。そんな当たり前のこと！　と思うかもしれませんが、実際にできていないから、多くの人が組織で悩んでいるのです。基準は、1日10回以上、心から「ありがとうございます」と声に出して伝えることです。

心の中で感謝していますだけでは伝わっていないことも多いので、声に出して伝えることがポイントです。

次は共感です。分かってもらえた、伝わったという感覚によって、人は相手に好感をもちます。たとえば、うなずく、相づちなどは、月並みでシンプルですが、非常に効果的です。

最後に、組織からの期待に本気の関与で取り組むこと。たとえば、オフィスの掃除や朝礼など、直接的には仕事と関係なさそうなことにも、本気で関与すること。その姿は、きっと好感を持たれます。残念なことに、経験が浅い時は「自分は関係ない」となってしまいがち。それは周りからマイナスに思われるきっかけとなり、不満感が生まれて、また「自分は関係ない」という態度によって、ネガティブなループにはまっていくのです。

そのループから抜け出すには、どうすればよいのか？　それが、感謝、共感、本気の関与、なのです。この3つで評価が高まり、組織になじめるようになるはずです。試してみてください。

Q2 周りからいろいろ頼まれて大変。どうすればいい？

A 『ボールは2つまで』

組織で仕事をしていると、他部署からもいろいろと頼まれることがありますよね。対応したいけれども時間がない、上司からもどんどん依頼が来る、どうしたらいいいんだ！　なんて状況はよく起きると思います。

この状態を避けるためにも「ボールは2つまで」と覚えておいてください。ここでいう「ボール」とは、日常の業務以外の主要タスクのこと。人間は、5個も10個も同時進行で重いタスクを担っていたら、それぞれの完成度や達成率が低くなるものです。

それ以外は「今はやらない」と決めて、上司に相談のうえ、実施タイミングを今後のカレンダーで決めて、そのタイミングまでは気にしない、取り組まないと決めてしまうことです。もしくは、これも上司に相談の上、ほかの誰かにやってもらうこと。人間には、右手と左手の2本の手しかないわけですから、感覚的にも3つ以上の大きなタスクは抱えられないものです。

もちろん、3つ以上でも対応できる優秀な人材はいます。が、大半の人は、ピエロのように一輪車に乗って、皿回しをしながら、ジャグリング（複数の物を空中に投げる曲芸）なんてできません。というか、うまくいかずにトラブルとなって周りの迷惑になってしまいます。

ただ、これは責任を逃れて周りに仕事を押し付けよう、と言っているのではありません。やるべきことは、もちろん自分でやるべきですし、結果としてうまく回せるようになってほしい、ということです。

ここで気を付けるべきポイントは、経験が少ないうちは、仕事の重要度や緊急度の判断を、自分ではしない方がよいということです。仕事には、部下をもった経験がない人には想像もつかない様々な考慮点があるのです。ですから、勝手に判断すると、大きな問題につながる可能性があります。

ぜひ上司と綿密なコミュニケーションをとることを忘れないでください。

Q3 上司って、話しづらくないですか？

A 『すごいと思う上司も、普通のおじさん』

想像してみてください。高校生の視点を持って、小学校で学んだ算数を思い起こせば、あの時は楽だったなぁと感じるはずです。社会人になってから中学の時に悩んだことを思い起こせば「小さなことでクヨクヨしていたなぁ」と、当時は大きな問題も、いまなら小さく感じられるはずです。

人間は、経験値が増すと、過去のことは簡単なこと、楽なことになり、年下の人から相談されたら、助けてあげたい、こうしたらいいのに、って教えてあげたくなるものです。一方で、経験が浅く、相談しないままだと、どうしても目の前の問題に振り回されたり、悩んだりする時間が長くなってしまいます。だからこそ、経験者に相談してほしいのです。目上の人と話して視点をあげるのです。

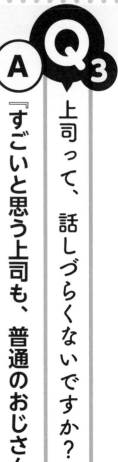

仕事において視点があがると「私に何が期待されているのか」といった仕事の意味や「なぜ、それをするのか」といった目的が分かるようになるので、成長スピードが高まります。実際、先輩や上司に対して「課題が明確な質問」をたくさんできる人は、間違いなく超スピードでリーダーになれます。これは、私のたくさんの会社へのコンサルティング経験からも断言できることです。

組織の上の人は、本当はもっとサポートしたい、でも聞いてもらえないと、教えてあげられない、という感覚も持っています。ぜひ相談してみてください。社長はもちろん、部長や課長も普通のおじさんです（または、おばさん?! 失礼！）。もし、何か悩みがある場合におすすめしたいことは、経験者に近寄り、思考法を学べるくらい懐に入り込むこと、たとえばランチを誘ったり、相談の時間をもらったり、打ち合わせに参加させてもらったり。

また、どんな本を読んでいるのか、どんな勉強会に参加しているのかなどをドンドン聞いてみましょう。間違いなくあなたの成長は大きく加速するはずです。

Q4 え？ 上司に相談していいんですか？

A 『高い視点で相談にくる部下は、かわいいもの』

組織で成功しようと思ったら、よくいわれるように「経営者視点」をもつ、ということが大切です。

社長や幹部のような視座をもつことで、意識すべきこと、やるべきことがアップデートされるので、仕事がやりやすくなるはずです。

もちろん、上ばかり見て目の前の実務をないがしろにしていい、というわけではありません。やるべきことはしっかりやりつつ、高い視座をもって取り組んでほしい、そのほうがスキルアップも早いし、結果的に楽できますよ、という話です。

ユニクロをグローバル企業に育てた柳井正さんは、山口県の小さな紳士服店の時代から、世界中の企業経営を研究し「一つ上の視点」どころか、さらに遠くを見つめていました。そして、逆算で仕事に取り組み、世界で知られる日本を代表する企業を育て上げました。

また、世界的なテック企業となったIBMは「一つ上の視点」で、世界を目指し、社名をInternational Business Machinesと変更した時から、一気に飛躍したのは有名な話です。

もし、組織で活躍したいのであれば、経営者や幹部に近づいて、しつこいくらいに関わることが効果的です。そのために、社長（や上司）にどう相談したら、喜んで応えるか、応援したくなるのか、という「一つ上の高い視点」をもつことです。もちろん勉強も必要。ただのおべっかではダメで、しっかり組織の課題を解決するような「一つ上の視点」で相談してみましょう。

現実的な話として、そういう姿勢で「高い視点」をもって相談にくる部下は、上司から見てかわいいものです。上司から、ドンドン答えを引き出して、ビジネスをいうゲームに勝てるようになることが、組織で活躍できる近道なのです。

Q5 組織にいると、仕事が増える気しかしない……

A 『期限、量、質を実行のガイドラインにする』

組織論的に結論をいえば、部下に「仕事が楽しい」と感じてもらって、成果に集中させるスキルをもったリーダー層が増えれば、会社の全員が楽をできるようになります。ただ、残念なことに、多くの組織には、リーダーシップを発揮してくれる人がいない、意識の低いスタッフもいる、というのが実態。

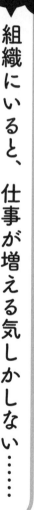

ではどうすればいいのか？　簡単に言えば、組織における実行のガイドラインを徹底させる、それだけで、全員がうまくいくようになるのです。具体的には、①期限、②量、③質の順番で守れるようにすること。この仕事の優先順位を部下に対して、何度も伝えるのです。

まずは「期限」です。期限を守ることができないと、いつまでも「仕事に追われる」毎日になってしまいます。何事も期日の1～2週間前には完了できるくらいのゆとりがあると、仕事は楽になるものです。上司から詰められ未達成の地獄と、上司から聞かれる前にゆとりをもって達成し、次月の準備している天国、この違いを感じ取ってください。

そして「期限」を守れるようになってから「量」を意識すること。期限を守れない人が仕事量を増やすと「抱え込み」が発生して、周りに迷惑がかかってしまいます。仕事に慣れたら「期限つきの量」に取り組むことで、圧倒的に「質」を高めることができるようになります。が、最初から「質」を意識して、成功した人は見たことがありません。まずは「期限」、次に「量」、最後に「質」を高めることを意識することが大事です。

こういった仕事のガイドラインを伝えたうえで「それをするのはあなた。サポートはするけど、やり切ってくださいね」と愛をもって伝えること。やり切らせることで、成長させる、といった関りをもつことです。こうやって、組織のみんなでよくなること、自立や成長を意識し、楽に、楽しく仕事ができる状態を目指すのです。

部下との距離感は難しい。

ある日は、あっちから話かけてくれることもあれば、反対に今は絶対話しかけてこないでくださいオーラを身にまとっている時もある。

なんか上司らしくないなー、なんて思いながらも、大切な部下なので、会社が嫌にならないように細心の注意を払って接している。まさに、ハレモノに触れる感じ。

しかし、やはりそんな関係だと、どうしても大事な場面で、相手の気持ちを理解し、先回りして大切なことを伝えてあげたりするのが難しい。

もう少し部下の気持ちとか、普段、心でどんなことを感じながら仕事しているのか、など知りたいなぁ。

でもなかなか聞きにくい……

どうしたらよいのだろうか?

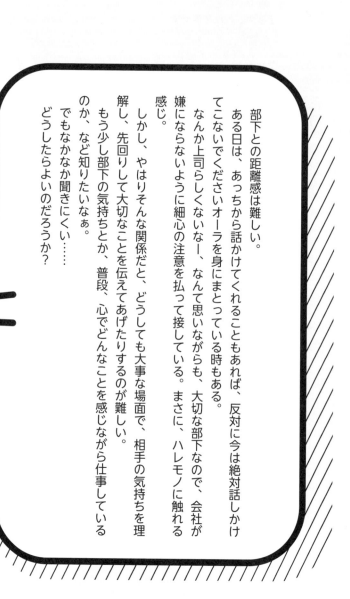

8

部下の本心が分からない

Q1
相手の本音を知るには、どうすればいいですか？

A
『相手もあなたの本音を知りたい』

「本音が分からない」といった感覚は、あなただけが感じているものではなく、実は日常的に接している部下や同僚も、あなたに対して感じていることかもしれません。お互いがお互いを探り合うように一緒にいる、心がつながっているようでつながっていない可能性が高いのです。

簡単な処方箋は、あなたから「自己開示」をするということです。あなたがあなたの内面にある考えや感情、個人的な体験を共有することによって、相手はあなたのことが理解でき、安心して話をすることができるようになります。

え、そんなことで本音が分かるようになるの？　もしくは、社内で「自己開示」なんてしたくない！　と思われるかもしれませんので、その背景を説明します。

まず、人は相手との「共通体験」が多ければ多いほど、相手に対して安心や、信頼を感じやすくなる傾向があるということです。たとえば、初めて会った人とでも、同じ学校だった、とか、同じ映画を観たことがある、同じゲームにハマった経験がある、といったことで、親近感や仲間意識を感じやすくなり、話が盛り上がるといった経験は誰にでもあるはずです。

したがって、あなたが最初に相手に共有すべきことは、相手との「共通体験」です。そして、できればそれを共感しやすい言葉や表現で共有することです。簡単に言えば、単に自分が言いたいことではなく「相手が聞きたいこと」を話す、ということです。そうすると、相手からすれば「この人は話を分かってくれる人だ」という思いが湧いてきて、自分のことも共有しやすくなります。

たとえば、アニメのキャラのセリフに感動した！　とか、あのドラマの最終話で泣いてしまったー、なんて話してみる。

「自己開示」というと重く感じるかもしれませんが「共通体験」の共有によって「話しやすい人」と認識されることが最初の一歩だということです。

A Q 2

表面上の付き合いに疲れたら？

『本当はどうしたいの？　と問うてみる』

日頃から、相手に話を合わせて、盛り上がる話題を共有して会話する。けれども、そんな表面的な付き合いに疲れてしまっている、だからこそ「相手の本音」を知りたいと思う時もあると思います。

ここでお伝えしたいことは「相手の本音が分からない」とおっしゃる方の多くは、実は「自分の本音が分かっていない」ということがよくある、ということです。つまり「自己開示」しようにも、自分に正直になれない、本当に求めていること、感じていることが言語化できていないので、隠しているつもりはないのに、結局は表面上の会話になってしまうのです。

端的に言えば、意見がない者同士の会話は、お互いの本音が分からないまま終わる、ということです。意見や考えが言葉になっていないので、そもそも「本音がない」のです。それでは、本音が分からなくて当然ですよね。

その場合は、あなたに必要なスキルが2つあります。

一つは「あなたの想いを正直に言葉にするスキル」です。日記を書いたり、夢をリストアップしてみたり、日報に感じたことを書いてみる、など。自分の価値観、好き嫌いや意見をはっきりさせれば、相手から見て、よい意味で「分かりやすい人」、「付き合いやすい人」になることができます。

もう一つは「相手が言葉にできないことの言語化をサポートするスキル」です。「本当はどうしたいの？　どうなりたいの？」といった質問や傾聴によって、相手の本音がどこにあるのか、何を言いたかったのかを言語化する支援をするのです。コーチングやメンタリングといわれる領域の話です。

「そうそう、それを言いたかった！」「すごいすっきりした！」と、相手が思わず言ってしまうようなコミュニケーションや質問のスキルが身に付けば、表面上の付き合いではなく、心から分かり合える関係性が築けるのではないでしょうか。

Q3 自分に正直になるって、難しいのでは？

A 『過去をポジティブに意味づけする』

実は「自己開示」の難しさは「自分に正直になる」ことの難しさにあります。表面的な出来事であればよいのですが、本質的な心の中身、過去の失敗の痛み、家族への想い、本能的な欲望や恐れなどは、なぜか言葉にしづらいものです。人は、ネガティブな体験や、恥ずかしいと思っているような事象から目を背け、忘れたふりや、感じないようにふるまう傾向があるからです。

その一方で、許せない人や出来事、思い出したくもない過去などを自分の中で清算し、完了して、ポジティブな意味づけをして笑い飛ばすことができる人もいます。そういった自分の個人的な体験をオープンに語ることができる人は、周りから見て魅力的に見えるものです。もちろん、オープンに話すといっても、あまりに品のない話や、人を傷つけるような言葉では、魅力は下がってしまうので、そこは要注意ですが、一般的に失敗談やどん底の体験も含め、過去の体験をポジティブに受け止め、笑い話にできるような人に対して、我々は魅力を感じるようになっています。

そう考えると、あなたに求められる準備としては、自分の個人的な体験や考え方を、ポジティブなこととして意味づけすること、そしてそれを言語化して表現する習慣をもつことです。そのためにも、日記を書くことや、ブログやSNSなどで言葉を発信することも効果的です。

重要なポイントは、これまでのすべての出来事を「それでよかった」と意味づけすること。「おかげさまで」とか「ありがたいことに」などといった感謝の言葉を多用することです。すべての出来事をポジティブに切り替えるスキルが身に付くと、大変な過去も「話のネタ」にとして、オープンに笑い飛ばせるようになります。そうやって、自分に正直に、本当の自分らしく、気楽に生きていくことができるようになるのです。

Q4 どのように自己開示していけばいいですか？

A 『まずは聴くことから』

あなたにおすすめしたい自己開示のテーマは、あなたの失敗談や苦労話です。それも今、部下がつまずき、悩んでいる内容についての話がよいでしょう。それだけで、相手は、ほっとする、というか、あなたを身近な存在と感じてくれることでしょう。ただし、自己開示には注意点があります。

1．まず先に、相手の話を心から聴くこと、そして共感すること。

そもそも、相手が「この人は分かってくれている」と感じなければ、心がつながる対話をすることができませんし、あなたが自己開示しても伝わらない、という状況になります。表情や相づちで、相手と動きを合わせること「なるほど」「確かに」といった言葉や「分かります」と同意を示すこと、心からの共感を示せば、相手は話しやすくなるはずです。

2．アドバイスはしないこと。

もう一つの重要な注意点は、カッコつけないこと、です。自己開示の際に、少しでも自分をよく見せようとすると「上から目線のアドバイス」となって、相手からは聞きたくない話になります。人が本音を話すときに求めていることは、多くの場合「聴いてほしいだけ、理解してほしいだけ」なのです。

もちろん本当に困っていて、的確なアドバイスを求めている場合もあります。が、アドバイスできる前提は「あなたへの信頼」や「悩みを正直に言えるほどの関係性」があることです。オープンに相談できる関係性がない段階、本音を言えない段階で、アドバイスをされた時点で、相手は「この人とは話してもムダ」という結論に陥ってしまいます。

自己開示のポイントとして、失敗談や苦労話が効果的とお伝えしましたが、そのこころは、相手の悩みにダイレクトな「共通体験」を共有することで「この人は分かってくれる」「この人も同じなんだ」という本音で話せるようになる土台が築けるから、です。ぜひ、試してみてください。

Q5

自己開示のメリットってなんですか?

A 『ストレスが減って、絆が生まれる!』

一般的に嫌なことと思われがちですが「自己開示」によって、人は非常に大きなメリットを享受できます。

第一に、ストレスの軽減です。これまでは言ってはいけない、恥ずかしいと思って自分の中で抑圧していた考え方や感情が解放されることによって、心理的なストレスが軽減できるというメリットがあります。もちろん話し相手が守秘義務を守れる人である必要はありますが、誰にも言えない、自分は孤独だ、と感じていた状況から解放されることは大きなメリットです。

第二のメリットは、自己理解が深まるということです。自分の考えを共有して、他人からのフィードバックを受けることによって、自分だけの視点以外の多面的な考え方を知ることによって、自分をより深く理解できるようになることです。

第三は、自分の内面にあるわだかまり、悩み、課題などが、他人に共有されることによって、社会的なサポートを受けやすくなるというメリットもあります。大きな成果をあげる人は、こんなことに困っている、だから助けてほしいというメッセージを自己開示によって発信し、周りからの協力を受けて、課題がより早く、より簡単に解決できるから成功しているともいえます。

そして第四は、なんといっても、自己開示によって、相手も自己開示しやすくなり、心の絆を結びやすくなるというメリットです。あなたの対人関係スキルが向上すると同時に、あなたの信頼関係の構築や人間関係の改善にもつながる大きなメリットといえるでしょう。

つまり、自己開示だけで「相手の本心がわからない、本音がわからない」といった表面的な付き合いから、分かり合える関係を作ること、心の絆を結ぶことがしやすくなるのです。

ぜひ、トライしてみてください。

自慢、ではないけれど、私は学生時代そこそこ成績が良かったのである。友達から勉強を教えてほしいと頼まれたこともたくさんあったし、テストの結果も学年で10位以降になることはほとんどなかった。

もちろん、勉強は人一倍頑張っていたと思うし、結果がでると、それが認められたようで、とても嬉しかった。

しかし、社会はなかなかそうはいかない。

たとえば、仕事を頑張って覚えようと思い、夜な夜な家で勉強をしたとしても、成果をあげなければ認められない。または、とりあえず誰よりも動こうと思って、体力の限りがむしゃらに動き回ってみても、空回りしてばかりでは、ただの時間の無駄使い。残念ながら学生の頃のような、賞賛や賛辞を会社からもらうことは、とても難しい。

自分は精一杯頑張っているのに、どうして認められないのだろうか。そう悩む日も少なくない。

はぁ。もっと会社から評価されたいな。

9

もっと評価されたい、認められたい

Q1

評価されている人を「ズルい」って思う私はダメ？

A

『成果のサイクルを意識しよう』

同じように仕事をしているのに、同じように出勤しているのに、評価される人と、評価されない人の違いはなんでしょうか？

世の中には、上司から認められ、給料が上がりやすい「成果のサイクル」といわれる行動パターンと、頑張っていても、大変な思いをしても評価されない「誤解のサイクル」といわれる行動パターンがあります。この違いを理解することが、もしかしたら、あなたのヒントになるかもしれません。順番に見ていきましょう。

まずは「成果のサイクル」です。このサイクルを回している人が最初にしていることは「会社から求められている成果」が何かを理解することです。会社が期待する結果を理解し、その結果が出るような「報われる努力」をしているので、上司からすると助かるし、評価しやすいのです。結果的に、本人も成功体験を得られ、より一層、会社のために頑張ろうとして、よい循環がまわります。

一方で「誤解のサイクル」においては、会社からの期待ではなく、誤解に基づく「自分なりの努力」をしてしまうが故に、上司から見ると行動がずれているし、評価しづらい状態に陥ります。そして、頑張っているのに報われない、やっても無駄だという誤解が生じ、またより一層「自分なりの努力」にはまっていき、結果いつまでも評価されないという悲しい状況になるのです。

評価されている人はズルいのではなく、単純に求められる成果に目が向いているだけです。もし、あなたが評価されていない、と思うのであれば、この「成果のサイクル」を意識してほしいのです。そして、そのスタート地点は、会社から何を期待されているのかを言語化すること。その点に集中できれば、その成果を出せるスキルを身に付けることに意識を向けられれば、気がついた時には、あなたも評価される側になっているはずです。

Q2 結果を出しているのに、なぜ評価されないのですか？

A 『会社が求めていることを言語化する』

仕事をすごく頑張っている、目標達成もしている、とにかく評価されたい、が、会社は評価してくれない、と感じている人はいますか？　結論から言えば、会社というものは「2つの軸」で社員への期待があり、その両方を満たさないと評価をしてくれないものなのです。

一つは「定量的な評価」、つまり売上や粗利、受注数などの数値ではかる仕事のパフォーマンスです。

もう一つは「定性的な評価」、つまり価値観であったり、理念への共感であったり、マインドセットといわれるような数値化しづらい領域の評価です。

結果を出しているのに評価されない、と感じる人の多くは、この二つ目の「定性的な評価」が低い可能性があります。たとえば、売上貢献の大きなトップセールスが、社内での態度が悪く、傲慢な態度をとっていて、部下に対しても、他部署に対してもネガティブな言葉で接していたら、上司としては高く評価できませんよね。

先に紹介した、絆徳の中心的な質問「相手はどんな人で、何を求めているのか」この点に目が向かないと、どれだけ結果の数字をあげていても、会社から評価されないというワナにはまります。ぜひ、会社は何を求めているのか、上司は何を大切にしているのか、といった点に目を向けて、数字だけではなく、定性的な部分においても評価される自分になることを意識してみてください。

さらに言えば、理念がしっかりしている会社であれば、社員に期待することがハンドブックなどの資料に言語化されているはずです。それが、評価されるポイントの答えです。すでに共有されている会社の理念や価値観について「自分はどう理解しているのか、どう実践できているのか」を常に意識しながら毎日の仕事に取り組めば、来年のあなたは、きっと今までとは違うステージに上がっているはずです。応援しています。

Q3 会社は社員の何を評価するのですか？

A 『求めているのは3つだけ』

会社は社員に何を期待しているのでしょうか？　社員研修では、挨拶であったり、笑顔だったり、知識の習得や、お客さまに対する丁寧なコミュニケーションなど、たくさんのことが期待されている、といわれるかもしれません。

しかしながら、会社は本音で言ってはくれませんが、定量的な視点で、究極的に求めることは、たった3つしかありません。

結論、①売上アップ、②経費ダウン、③時間短縮。この3つだけです。これらの3つに貢献している人が、会社が最も評価したい人です。財務的な視点をもった、社長や役員の立場から正直に言えば、これらの3つさえやってくれればよいのです。

もちろん誤解がないように伝えておきたいのですが、会社の理念や社会性、世のため人のための活動や、ヴィジョンやミッションをないがしろにしていい、といっているわけではありません。それらは前提として当然やったうえで、これらの3点について大きな貢献があった社員を、経営者は、幹部や役員に引き上げたいのです。

これら3点を、日々の活動で期待されているという理解がないまま頑張っているから、評価されないのです。会社は私の頑張りをみていない、と思うのは、あなたの誤解です。会社は頑張っているから評価するのではなく、会社が求める3つの点に貢献しているかどうかを見ているからです。

現実的にいえば、会社は売上や利益がなければ存在することができません。現金がなければ、簡単に潰れます。会社を維持する、というのはとても大変なことです。会社を持続させていくには、キャッシュフローが必要であり、これを増やすためには、日々の時間あたり採算性を高めるしかありません。当然、社員により高い給料を払うためにも、この3つが必要です。①売上アップ、②経費ダウン、③時間短縮、ぜひ覚えておいてください。

Q4
それって、平等じゃないのでは？

A
『そもそも平等ではない、公平であるべき』

会社の仕事って様々です。営業のように結果が数字で分かりやすい仕事もあれば、管理系などの成果が計測しづらい仕事もありますよね。また、評価される人も、されない人もいる、給料が高い人もいれば、低い人もいる。それって平等じゃないですよね、といった意見を聞くことがあります。

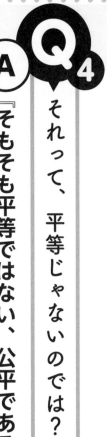

そうです。その通りなのです。ぜひ覚えて頂きたいのは、この世は平等ではない、ということ。そして、組織は平等にすべきではなく、公平にすべき、というのが大切な論点なのです。

「平等とは、全員に同じものが与えられる」ということ。一方で「公平とは、同じ機会が与えられる」ということです。成果をあげている人にも、そうでない人にも同じ額の給料を平等に渡してしまっては、組織がうまくいかないことは、社会主義の国家が破綻したことからも既に証明されています。

職業選択の自由が同じように与えられ、24時間が同じように与えられ、努力すれば誰でも得たい結果を得られるチャンスが公平にある。この点を理解することが大切です。この「機会において公平」であることこそが、平等であることより、はるかに大事なことなのです。

この現実を受け入れないと「あの人はずるい」とか「自分は損している」という嫌な感じがいつまでも続きます。被害者意識も芽生えてくることでしょう。厳しいですが、あなたの人生をよくしてくれるのは、会社でもなく、上司や周りの誰かでもなく、あなた自身なのです。その機会は公平に与えられています。

平等であることを「期待」すると、社会人としてのあなたの人生は、ずっと苦しいままです。公平に与えられている機会に目を向け、活躍の機会があることに「感謝」の心をもって、それを活かすことに意識を向けてください。

「期待」を「感謝」に変えてみる、これが、あなたの人生が変わる瞬間になるのです。

Q5 見てもらえない、認めてもらえないのは、なぜ？

A 『認めてもらおうと思うと、認められない』

多くのビジネスパーソンが、会社の中で周りに気を遣い、上司の顔色を伺いながら、評価してほしい、認めてほしいと願いながら仕事を頑張っています。そんなあなたに、衝撃的な事実をお伝えしたいと思います。

評価してほしい、認めてほしいと強くは思って「いない」人ほど、認められる傾向があるということです。

何を言っている?! そんなはずないでしょう、と思われるかもしれませんが、経験ある管理者であればご理解いただけると思います。

私がここでお伝えしたい点は、求められる成果は意識すべきですが「評価のためだけに仕事する」という意識でいると、評価されづらいですよ、ということです。自分がどう見られているのかを気にしすぎる人、気を遣いすぎる人は、仕事の成果よりも、上司の顔色に反応します。そして、状況によって態度や反応が変わったりするので、上司からすると信用しづらいのです。面倒くさい人に感じてしまうのです。

一方で、評価される人は周りに気を遣う、のではなく、気配りをしています。自分の評価を気にしていないわけではないのですが、それよりも組織の成果や目標に意識が向いているので、会社からすると、その努力を認めやすいのです。簡単に言えば、上司から見てテイカー（奪う人）ではなく、ギバー（与える人）にみえるかどうか、ということ。

人間の心理として、認めて！　評価して！　と求めてくる人よりも、気楽に接することができて、周りのために頑張れる人と一緒にいたいと感じるものです。ですので、これからは「成長」と「貢献」の意識を持って結果を出すことに集中してみてください。もちろん、すぐには、それがよい評価として返ってこないこともあるでしょう。しかしこの点に意識を向けて努力する人は、長期的には必ず報われると私は断言します。応援しています。

小さい頃は、大きな夢を描いていた。

大きくなったらメジャーリーガーになる、総理大臣になる、世界一の社長になる、それくらいの夢をもっていた気がする。

それから、長い時間が経ち、今の私は、今日もせかせか働くただの会社員。

いつからだろう、小さいときに思い描いた、曇りのない夢や目標が自分の中からなくなっていったのは。

でも、やっぱり世の中の成功者たちを見ていると、心のどこかで、自分もこうなるはずだったのに、なんて思うこともたくさんある。

そう考えるたびに、転職を考えてみたり、副業を考えてみたり、独立なんてことも検討してみた。けど結局どれが正解なのかわからないし、決断するのが苦手で……。

でもやっぱり私も成功を諦めたくない！

10

私もあの人のように成功したい！

Q1 副業、起業、転職、または今の会社、何がベスト？

A 『10年後にどうなっていたいかで決める』

何がベストか？ 正直言って、このギモンに答えることは困難です。タイプによって答えは異なりますし、タイミングによっても変わります。

ここであなたに考えてほしいのは「あなたは、10年後にどうなっていたいですか？」という質問への回答です。現実的な話として、人は10年後の未来や、先のことを深く考えないままに、目の前のことに悩みすぎる傾向があります。

特に、起業や転職などは、大きな失敗のリスクがありますから、勢いで意思決定してほしくない、というのが私の想いです。ここでは、それぞれのメリットとデメリットを簡単にまとめました。

【副業】 会社で禁止されていないなら、やってみるとよい

メリット：追加収入、低リスク、新しいスキルや経験

デメリット：時間と体力が必要、集中を失う、長時間労働で疲労が増す可能性
【起業】ハードルは高い、誰もができるものではないが、やりがいがある
メリット：自己実現、高い収入の可能性、夢やヴィジョンの実現
デメリット：高リスク、初期投資、多大なストレスやプレッシャー
【転職】急がずに慎重に取り組んでほしい
メリット：新しい環境での刺激、キャリアアップ、報酬など条件向上の可能性
デメリット：想定と違うリスク、新環境ストレス、転職活動や退職手続きなどの労力
【現職】選んだ環境なのだから、腰を据えて活躍してほしい
メリット：いまに集中できる、安定した収入、なじんだ環境や人間関係
デメリット：刺激が少ない、意識の低下、挑戦が少ない可能性

これらのメリットとデメリットは、状況や視点で意味合いが変わりますし、紙面スペースの制約もあって詳細に書ききれていません。次頁以降の内容も参考にしながら、あなたの10年後をイメージしてみてください。

Q2 独立に向いている人って、どんな人ですか？

A 『体も心も頑丈な人、お金を集められる人』

副業で稼ぎたい、いつかは独立したい、そんな声がネットの世界やＳＮＳで聞こえてきます。

でも、独立して成功できるのは、ほんの一握りなんて話もある、心配だ、という方も多いのではないでしょうか。私もたくさんの経営者を指導する中で、現実的に独立に向いている人と、そうでない人は確かにいると思います。

結論、独立に向いている人とは、体も心も頑丈な人であり、かつ、お金を集められる人、これです。まず、独立した後は、会社員時代には想像もしなかったようなプレッシャーや忙しさが待ち受けています。

もちろん気楽にボチボチ、個人事業で仕事を続ける感覚であれば、プレッシャーは少ないかもしれませんが、それでも売上を継続するのは簡単ではありませんし、毎月の給料が安定的に支払われる保証は全くないので、不安やストレスは相当なものです。そういった、精神状態をポジティブに保つメンタルタフネス、肉体的なエネルギーの維持に自信がない方は、独立はしないことをおすすめします。

もう一つは、なんといっても、自分でお金を集めることができなければ、社員や取引先に支払いができなくなり、いとも簡単に会社は潰れます。夢を描いて独立したが、借金だけが残った、といった話も聞いたことがあるはずです。

会社の中で活躍し、トップセールスだったから、独立しても大丈夫だと思っている人が時々いますが、組織で成果をあげられることと、独立してお金を集めることは、全く別のレベルです。トップセールスだから、経営がうまくわけではないし、求められる資質が全く違います。

ポイントは、どのような道を歩むうえでも、自分を理解し、準備して、確信をもってから進むことです。自分で事業をやることも、あっている人にはとても楽しい体験ですし、そういう挑戦者こそ、今の日本には必要です。

Q3 組織に向いている人って、どんな人ですか？

A 『7つのスキルとマインドセット』

無人島に住んでいて、誰ともしゃべらずに毎日の食料確保することで精一杯！　なんて生活をしている人なら、組織を考える必要はありませんよね。しかし、アリストテレスの言葉を借りれば、我々は「ポリス的な動物」つまり共同体の中で生きる動物です。組織の中で生きていくしかないのです。

ですから、自分は組織に向いてないのかな？　などと考えるのではなく、むしろ「組織を活用し、組織の中で生きていくスキル」を身に付けることに目を向けてほしい、というのが私からの答えです。そうでないと、現代社会を豊かに幸せに生きるのが難しくなります。

なので、ここでは、組織に向く、向かないではなく、どんなスキルやマインドセットを身に付けるとよいのか、結果的にあなたが経済的にも精神的にも報われるのか、という視点で7つのことを共有したいと思います。

まず、なんといっても、①コミニケーションスキルです。相手の考えを理解し、自分の考えを共有するということを心地よく実行できるスキルが求められます。次に、②目標達成スキル。目標を設定し、達成するスキルです。そして、③責任感です。組織目標を自分ごととして認識できるかどうか。

第4に④協力的であること、自分だけではなく、周りの動きに気づき支援する意識が求められます。第5は⑤問題解決スキルです。社内の問題を解決できる人は、組織の中で重宝されますし、リーダーには必須の能力です。第6に⑥柔軟性です。組織の変化に対応できるかどうか。柔軟性がないと、やりづらい人だと思われてしまいます。そして最後に、⑦主体性です。組織をよくすることに積極的な姿勢です。

これらの7つが高い人が、重宝されて評価の高い、いわゆる組織に向いている人なのです。ぜひ、これらを高める意識をもって日々の仕事に取り組んでみてください。人生がとても実りあるものになるはずです。

Q4 営業として成功するにはどうしたらいいですか？

A 『まずは今の給料の10倍稼ぐ人になる』

独立は難しい、副業も簡単には稼げない。そうなると、社員として成功する道を見いだすしかありません。とはいえ、会社で役員になれるのは、一般的に中小企業で数パーセント、大企業では1パーセント未満。部長レベルまで幅を広げても5パーセント未満でしょうから、簡単なことではありません。

答えをお伝えします。最初のステップは、自分が受け取る給料の10倍の成果を目標に設定することです。これだけで確実に営業としての成功の道を歩むことができるようになります。

「いやいや、清水さん、それができるなら、独立したほうがよいのではないか」と思うかもしれませんが、先にお話した通り、起業は簡単なことではありません。会社が用意してくれている商品やサービス、デザインやシステム、運営チーム、人事総務、経理財務、税務、法務、営業事務などなどすべてを運用するのは、極めて困難なことです。月給30万円だから、売上30万円でいい、と思ったら大間違い。社員一人ひとりに、社会保険や税金、各種の経費など、相応のお金が必要です。会社の規模や業種で異なりますが、一般的には、最低でも給料の2～3倍の経費がかかるといわれます。

また、この給料10倍が意味することは、売上ではなく粗利で考えることをおすすめします。なぜなら、粗利率の低い業種の場合、売上10倍では利益が少なく成功する営業になれないからです。ちなみに、課長や部長ともなれば、給料の10倍レベルの成果では、まったく足りませんので要注意です。

とにかく、最初は10倍の成果を目標とすること。そうすれば必ず評価され、トップレベルの営業になれることをお約束します。そのためには、本やセミナーで「営業」だけを学ぶだけではなく「マーケティング」も学ぶことをおすすめします。いまの日本に不足しているのは、マーケティング思考です。ぜひ学んでみてください。

Q5 管理者として成功するにはどうしたらいいですか？

A 『組織の3つの中心的な責任を理解する』

営業としての成功も無理。独立も厳しい、役員になる自信もない。そんなあなたにおすすめしたいのは、管理者というキャリアです。組織には「3つの中心的な責任」というものがあり、これが理解できると管理者として活躍できます。それは、①スタッフ、②マネジャー（管理者）、③経営者の3つです。

一つ目はスタッフです。その中心的な責任は「言われたことをやる」ということです。この話をすると、スタッフは本当に言われたことだけでよいのか？と聞かれますが「言われたことをやる」のは、簡単なことではありません。予算達成や期限を守ることなど、容易ではないことも多いはずです。

次にマネジャーの中心的な責任とは何でしょうか？　そもそもマネジャー（manager）とは、マネージ（manage）する人です。このマネージの意味は何か？　辞書には、「なんとかしてやる」と書かれています。そう。マネジャーとは「なんとかしてやる人」なのです。

つまり、あなたが管理者として成功したいなら、この「なんとかしてやる」スキルを身に付ける必要があります。ちなみに、当然ですが、スタッフの責任（言われた業務をやる）を果たせない人が、マネジャーにはなれません。まずは、業務をしっかりやることです。

そして、予算や問題解決など「なんとかしてやる」ことが自分の責任だと分かっているマネジャーが増えると、社長の苦悩は半分になり、組織が円滑に機能し始めるようになります。中小企業の社長が大変なのは、本来マネジャーの責任である「なんとかしてやる」を社長がしているからです。

最後に、経営者の中心的な責任とは？　それは戦略的意思決定です。今期はこの目標でやろう、この方針でいこう、といった意思決定が、経営者の中心的な責任です。そして、その意思決定の実現をなんとかしてやりきる管理者がいると、会社は伸びていくのです。

働き始めてから今まで、ほとんど変わらない給料。

うちの会社だけの話ならともかく、日本全体の話だから、転職したらいい、で解決するような簡単な話じゃない。

なのに、物価高で生活にかかるお金は増えていくし、追い打ちをかけるように税金や社会保険料もあがっていく。

もちろんその中でやりくりしていくしかない、ってわかってはいますが、それでもやっぱりもう少し経済的に余裕があればなぁと何回思ったことか。

支出をなるべく抑える工夫はもちろんしてるし、それでもきついんです！

今の倍、とまでの贅沢はいわないから、少しでもお金が欲しい……！

11

お金が欲しい！
けど無理ですよね
……

Q1 お金がない！　どうしたらいいのでしょうか？

A 『お金は問題ではない』

人は、長い間、お金について悩み続けてきました。たとえば、古代ローマで税金や借金の悩みを訴える人物についての記述がありますし、日本でも、昔から納税の取り立てで苦しむ庶民の姿を小説やドラマで目にします。人類は、何千年もの間、お金に悩み続けたのですから、そろそろ答えを手に入れてもよいはずです。

「お金がない」と感じている方に、ここでお伝えしたい答えは「お金そのものが問題ではない。そもそも、お金が足りない状態を作っている自分こそが問題なのだ」と認識すべき、ということです。もちろん、かつての身分制度や特権階級がある時代ならば、お金がない、経済的に苦しい、という状態が避けられない場合もあるでしょう。

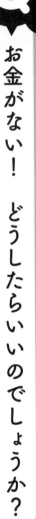

しかし、現代において、特に働ける人であれば、お金がないという状況は、自分に100％責任があります。少し厳しく感じてしまうかもしれませんが、そう認識したほうが、あなたの人生にとってよいですよ、とお伝えしたいのです。

現実的に、お金がなければ、やることは2つだけです。収入を増やすか、支出を減らす。悩んでも、苦しんでも、結果は変わりません。この2つに取り組むだけ、でよいのです。

収入を増やす方法については、後頁でいくつかお答えします。が、多くの場合、問題の原因は、収入があっても、それに合わせて支出が増えること、なのです。結果、収入があるのに、またお金がない！という状況に陥る。

簡単な対策は、入ってくるお金の一部を毎月必ず積み立てる、ということ。そして、それに決して手を付けない、と決めてしまうこと。ただ、それだけで、お金がない！という状況は避けられます。まずは習慣の改善から。ぜひ覚えておいてください。

Q2

A

そもそもお金ってなんですか？

『現代社会のお金は、単なるデジタルデータ』

お金とは何か？　私はどちらかといえば現実的なタイプなので、精神論をかざすつもりはありません。結論からいえば、現代社会のお金とは「デジタルデータ」以外の何でもない、というのが私の答えです。

実際、皆さんの預金は、銀行に置いてありません。もちろん一部は引き出し用に準備されていますが、皆さんのお金の本質は、金融機関の中にあるスーパーコンピュータの単なるデータである、ということです。ほとんどの決済は、いまやデジタルになっています。身近な例として、コンビニで支払う時にＱＲ決済や交通系カードなどでデータ処理をしているはずです。

別の論点でいえば、いまの世の中はデジタル空間におけるデジタルデータ処理能力が高くなければ、資産を築けない時代となったともいえるかもしれません。

具体的には、あなたの会社のホームページに、商品を魅力的に伝える写真データやテキストデータをアップロードし、それに共感されれば申込でクリックされ、クレジット決済のデータが処理され、銀行の預金残高が増える、という時代なのです。YouTubeであれば、デジタル空間に動画データをアップし、面白い動画や役に立つ動画などで共感されれば、再生回数が伸びて広告料というお金がデジタルデータとしてあなたの口座に振り込まれる、という時代です。

この時代の本質的な変化を感じ取れた人は、デジタル空間で、相手に「よいこと」をして、絆を作っています。そして、だからこそ、経済的な豊かさを得ています。部下へのLINEのメッセージ、SNSの投稿などは、すべてデジタルデータ処理です。これらを通じて、あなたが相手に「よいこと」をする、絆を作ることを心がけてみてはいかがでしょうか。これは、即効性があるので、すぐに経済的な豊かさとして返ってくることを実感されることと思います。

Q3

経済的に一発逆転したいのですが…？

A

『お金の4つのスキルを習得する』

出世も無理、副業も稼げない、独立の成功確率はすごく低いと聞いている。「ああ、人生、詰んだ！」と感じている人が、宝くじやギャンブルなど、一発逆転できるうまい方法はないか、と考えてしまう気持ちも分からなくもありません。しかし、それでは上手くいかないことは、皆さんどこかで気づいていますよね。また、宝くじ当選者がなぜか破産する、なんて話を聞いたこともあるかもしれません。お金の管理をできない人が大金を持つと、支出が増え、経済状態を崩してしまう可能性は高いものです。

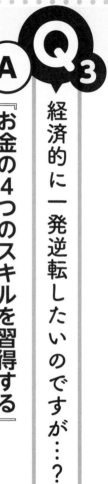

では、どうすればよいか？　答えは「お金の4つのスキル」。経済状況をよくしたいなら、お金に関して、この4つを学ぶ必要があるのです。

一つ目は「お金を作る」スキルです。売上アップや収入増です。そのためには、やはり実直に、仕事のスキルを高めること。マーケティングや営業のスキルなどを高め、成果をあげて、お金を作る必要があります。

二つ目に「お金を増やす」という段階。これは株などの証券投資や不動産を通じてお金を増やすというスキルです。まずは、証券会社や銀行、不動産会社などのセミナーに参加するのもよいかもしれません。

三つ目は「お金を守る」というスキル。支出を抑えるのは当然ですが、詐欺的な投資話に乗って資産を失う、といったことを避けることも必要です。

四つ目は「お金を使う」です。節約だけではなく、時には誰かのためにお金を使う、食事をおごる、ということです。儲かっている会社経営者であれば、周りへの投資や寄付も考えてみてください。もちろん、先述した1～3ができていることが前提ですが、巡り巡ってあなたを豊かにしてくれるのが、この4番目のスキルです。

これらを学ぶことは、一発逆転を狙うよりも、はるかに高い確率で、あなたを豊かにしてくれるでしょう。ぜひ意識してみてください。

Q4 会社員です。どうしたら収入は増えますか？

A 『L型（エルがた）人材になる』

社員として収入を増やすには複数の選択肢があります。ただ、残念なことに、現代の日本人には「まじめに頑張ったら給料が増える」という残念な誤解があります。まずは、この誤解を解かない限り、収入アップは難しいでしょう。

え？　まじめに頑張っても給料は増えないの？　とギモンに思われたかもしれません……そうなのです。考えてみれば当然の話ですが、まじめに頑張ったら給料が増えるのではありません。生産性が上がって利益が増えるから給料がアップするのです。この点から目をそらしてはいけません。社員の生産性や利益が重要なのです。会社は給料アップしたくても、労働生産性が低いので利益があがらず、給料を増やせない、というのが実情なのです。

一方で、給料を払う側の立場でいえば、高い給料に見合った価値があれば、もっとお金を払ってもよいと感じるものです。では、何に対して、もっとお金を払う価値を感じるのか。簡単です。他にはない「強み」をもつ人になること。マーケティングやファイナンス、もしくはシステム開発など、他にはない「強み」があって成果をあげる人には給料を高くせざるを得ません。

もちろん、基本スキルをないがしろにしてはいけませんが、基本は基本として高めながら「他にはない圧倒的な強みをもつ人材」になることをぜひ目指してほしいのです。それを私は「L型人材」と呼んでいます。アルファベットのLのように、横棒の土台はしっかりして、専門性の縦棒を上に伸ばしていく、ということ。

このLは、ラーニングのエルにもなっています。学び続けよう、ということです。かつて「T型人材」という言葉がありましたが、ニュアンスは同じです。これからは、自分の「強み」を意識し、学び続け、成果を上げる「L型人材」のみが収入アップを実現できるのです。

A Q5

経営者なのにお金がない！ なぜですか？

『報徳思想に答えがある』

あなたが会社員として、名刺交換の際に、相手の肩書が「社長」なら、この人はお金持ちと思うかもしれません。が、社長がお金を持っているとは限りません。

会社員なら資金繰りに毎日悩むことはないとは思いますが、社長の半数以上は、日々この資金繰りに苦しんでいる、といっても過言ではありません。理由は、現代の日本企業は総じて生産性が低く、利益が少ないから。

ここで、お金に悩む人に知ってほしい教えがあります。それは、二宮尊徳の「報徳思想」です。これは、日本が世界に誇るべき考え方です。それは、至誠《しせい》、勤労《きんろう》、分度《ぶんど》、推譲《すいじょう》の、4つの柱からなる実践的な概念です。

最初の「至誠」は、志高く、世のため人のため、お客さまのために仕事するということ。自分のためだけでは、ものごとはうまくいきません。

第二の「勤労」とは、真剣に働くということ。「至誠」をもって努力をし続けたなら、収入が増えないはずがない、と二宮尊徳は言います。

第三の「分度」は、節約です。現代人は苦手かもしれません。つまり、足るを知り、無駄を抑えるということ。「分度」をすれば経費削減されるので、利益が増えないはずがない。現金が増えないはずがないのです。

つまり、現金がないのは「至誠（＝世のため人のため）」「勤労（＝一生懸命働く）」「分度（＝経費の削減）」これらのどれかがおろそかになっている可能性があります。

最後は「推譲」です。推譲とは、右記の流れで生まれた利益や現金を周りの困っている人に譲ること、具体的には融資や出資、寄付で周りを助けるという考え方です。これによって経済が循環していくのです。経営者であってもお金がない！　というのであれば、この報徳思想をしっかり学び、豊かさを手に入れて頂きたいと私は思います。

最近は、毎日が戦場だ。忙しすぎて息つく暇もない。

朝起きたらまずは自分のことよりも、子どもたちの支度の準備。起こして着替えさせてご飯を食べさせたら学校に行く準備をさせる。文字で書くと簡単なことにも思えるが、実際はぐちゃぐちゃになるくらい家の中が混乱する。

そして落ち着く暇もなく次は自分の支度をし、すぐに会社に向かう。一日仕事をして大体帰宅は20時くらい。

帰ると同時に子どものお風呂、宿題の手伝い、そして寝かしつけ。

そんなことをしていると、あっという間に自分の就寝時間。というか疲れすぎて倒れるように寝に入る。

気がつくとまた朝が来て……そんな日々の連続。

時間が足りなすぎる！！

12

時間が足りない

Q1 いつも時間がない、どうしたらいいのでしょうか?

A『時間がない、それは嘘』

現代人は忙しい。いつも時間のゆとりがない、とよく聞きます。一方で、忙しい! といっている人も、実態としては、映画やドラマを観たり、飲み会やサウナ、ゴルフにも行ったりしている。

ここで、私がお伝えしたいのは「時間がない」という言葉が嘘だ、ということです。「いやいや、清水さん、本当に時間がないのです」とおっしゃる方がいるかもしれません。ですが、冷静に考えてみてください。常に、時間というものは存在しています。世界中の全員に同じ24時間が与えられています。

ですから、この「時間がない」という言葉は、きっと「私には時間(管理の能力)がない」と言い換えたほうが正確な意味になる気がします。大切なのは、重要なこと、やるべきことを優先し、実行徹底するという単純な規律を守ること。他にも、やめられることをやめることも大切です。

厳しい言い方をすれば、成果を出せない人は「時間がない」といって、本来やるべきことをやってない、もしくは単純にサボっていることが多いです。実際、どうやったら目標達成できるのか、何をすべきか、何をやめるべきか、を真剣に考えてない可能性が高いと思います。やめるべきこと、それは、ネットサーフィンやSNSで余分な時間を過ごしていることかもしれないですし、雑談や無駄な打ち合わせ、もしくは一人悩んでいること、かもしれません。

仕事をするなら、成果直結のタスク以外しない、この覚悟で取り組んだら、時間のゆとりも生まれ、生産性が必ず上がるはず。早い時間で仕事も終わるはずです。今の日本に必要なのは、この感覚です。

もちろん状況的に家族や社会的な要請が多く、実際、分刻みでの移動や対応が求められる方もいるかとは思います。しかしながら、5年も10年もそういった状況ではないはずです。重要な点は「やめるべきことは何か？」を考えること。ぜひ、意識してみてください。

Q2 実際にタスクいっぱいで超忙しいのですが？

A 『私はヒマである、と言ってみる』

人によっては、時間管理で対応できるレベルではなく、処理や問い合わせが大量で、もう無理……といった環境で仕事をされている方もいます。

超忙しく、考えるゆとりすらない。逃げたいけれど、私が逃げたら大変なことになる、これはいつまで続くのか、と絶望的な気分の方もいるかもしれません。そのような方に、私がよくおすすめするアドバイスがあります。

「私はヒマである」と、ご自身に言って頂きたいのです。え！　馬鹿な！　と思うかもしれません。ふざけるな（怒）！　と言われるかもしれません。

ですが、重要なのは、その状況を解決したければ、誰かに任せるとか、上司に相談するとか、ＡＩを使うとか、一部のタスクを来週にまわす、などの現実的な対応をするしかない、ということです。

超忙しい、大変だ、ツラい、といっても問題は解決しません。そもそも本当に集中し、スキマ時間もない人は、やるしかないから「大変だ」とか言っていられないものです。

もしかしたら、どこかで被害者意識があり、大変だと分かってもらいたくて、ツラそうな顔をしているのであれば、それは社会人として甘いと言われても仕方ありません。どんな時でも、心豊かに楽しんで仕事をしてくれなければ、上司の本音として、もう仕事を任せたくなくなります。実際、メンタルヘルスを損なう状況になるまで、一人で抱え込まれたら、会社も迷惑です。

ですから、まずは心のゆとりを持って、笑顔で実務的に仕事ができる状態に心を整えるために「私はヒマである」と言って頂きたいのです。そして、上司への早めの相談など、現実的に対応してほしいのです。

びっくりするかもしれませんが、日ごろからこの言葉を意識すると、心にゆとりが生まれて、なすべきことに集中できるようになる。生産性が劇的にあがるのです。騙されたと思って試してみてください。

Q3 逆算と言われますが、難しいのでは?

A 『まずは過去をみる。そして、今を未来の原因にする』

目標からの逆算で仕事しろ、といわれても、高い目標は無理だし、何をどこからしたらよいか分からない、という人もいるはずです。

もし、あなたが逆算で結果を出せるようになりたいなら、その可能性を高めるよい方法があります。「タイムリバーサル」といわれるメソッドです。簡単にいえば、逆算する前に「過去に目を向ける」という考え方です。少し解説します。

まず、タイムリバーサルでは、第一段階として、これまでの「原因と結果」に対する分析をします。たとえば、営業数字の場合なら、過去に10件訪問したら1件受注という関係性を理解しよう、ということです。

第二段階で、未来のゴール(期限と目標)に対し、その状態が得られるように結果直結のタスクのみをリストアップします。そして、効果的なタスクのみに集中することで「今を未来の原因にする」のです。

先程の例でいえば、10件訪問で1件受注なら、20の訪問で2受注になります。100の訪問なら10件受注になるので、10倍の結果が得られるわけです。もしくは、営業トークを磨いて10の訪問で2受注している先輩のやり方を活用すれば、100の訪問で20受注という、なんと20倍の結果も得られるかもしれません。それをどう実現するかをチームで話し合い、これならうまくいくというタスクを明確にして、それだけに集中する、これが逆算できる人がやっている本質なのです。

逆算ができない人は、目標20件！といわれたら「現状1件の私ができるはずがない」と思ってあきらめモード入りがちですが、このタイムリバーサルが理解できれば、今までよりは達成をイメージしやすくなるはずです。

過去に目を向け、求める結果を生みだす「原因と結果」を理解することが最初です。次に「今を未来の原因にする」、この考え方をぜひ取り入れてみてください。

A Q4

時間管理も学んだはずなのに……？

『時間を管理するのではなく、目的を管理する』

20世紀以降、世界中で「時間管理」という概念が発展しました。ここで簡単に、その変遷と、それぞれの視点を紹介します。

第一世代　メモによる管理
第二世代　カレンダーによる管理
第三世代　役割や優先順位で管理
第四世代　感情や価値観で管理

第一世代のメモ、第二世代のカレンダーに続き、第三世代は、簡単にいえばプランナー（手帳）です。役割や優先順位に基づき、手帳でタスクやアポを管理する手法が確立。しかし、情報化が進み、現代人はさらに忙しくなり、大量のタスクやアポで人生を失う感覚を持つ人が増えました。そこで生まれた第四世代は、自分らしさを追求しながら、ワクワク感やモチベーションをもって人生を豊かにしようという、新しいタイプの手帳による時間管理です。

そして、ここでは、もう一歩進んだモデルを紹介します。私が提唱する「第五世代の時間管理」です。これは、人生の目的を高め、原因と結果を理解することによって「同じ問題」を繰り返さなくてよい状態を目指します。

人生にゆとりがないと感じるのは「同じ問題」によって、余分に時間がかかっていることが多いから。たとえば、いつもダメ男とばかりと出会い失敗を繰り返す女性と、右腕がいない、いつも幹部が辞めて困っている、という社長の「問題の本質」は似ています。同様に改善すべき点があるにもかかわらず、盲点があり「同じ問題」によって何年もの時間を無駄にしているのです。

つまり、人生の目的や課題を意識して、相手に「よいこと」をする絆徳的な人生を送る、ということ。これによって「同じ問題」がなくなり、何年もの時間を短縮することができるようになる、という意味において、これが「究極の時間管理」であると私は考えています。

Q5 なぜ、私の人生にはゆとりがないのでしょうか？

A 『人生の課題を直視せよ』

あなたの人生を意義あるものにする上で、大きな障害になっているのが「同じ問題」を繰り返すことです。

人はみな「人生の課題」を持っているものですが、それを直視することもなく、周りの人や環境を理由にして、その課題を克服しないまま過ごすと、別の形で「同じ問題」を体験することとなるのです。そして他責の視点や被害者意識が生まれます。

自分の人生で起きることは「すべて自分の責任」だと理解して初めて、人は問題の被害者になるのではなく、自立した大人として解決に向かうことができるようになります。自分以外の誰かが悪いと感じていると「自分はその被害者である」と感じて、自分でその問題を解決する力が奪われてしまうものです。

たとえば「会社のせいだ」といっても、その会社を選んだのは、あなたなのです。誰かがあなたの人生をよくしてくれるのではなく、逆に、あなたが会社の環境や人間関係に働きかけることによって、会社の雰囲気や人間関係は想像以上によいものに変えていくことができるようになるものです。

あなたが、自分の人生の責任を取ると覚悟を決めて、周りの人間関係に働きかけをすることで、人生におけるコントロールの感覚を持つことができるようになるのです。

一方で、責任感から自分を責めすぎて「自分さえいなくなればいい」といった心理も問題の先送りにしかなりません。コーチやカウンセラーと相談することも有効かもしれません。

まずは、人生の目的を意識して、課題を認識すること、その解決に向けて動くことです。あなたには常に選択肢があるのです。そうやって、一つずつ「人生の課題」を乗り越えていくことで、ストレスから解放され、人生を意義あるもの、ゆとりあるものとして感じることができるようになることでしょう。

子どもの頃から、何をやってもうまくいかず、兄弟や友達からは、決まって笑われる側の立場だった。

好きなこととか、やりたいことを、毎回頑張ってみるものの、大事なところでいつも空回り。

天然だね、とかドジっ子だね、とさんざん言われてきましたが、当の本人は至ってまじめ。

まじめに頑張ってるのに、なかなか思い通りにならない日々に、イライラしてきたり、そんな自分に自信がなくなってきたり。

でも、そんな私と正反対で、なんでも要領よくこなしたり、どんなこともうまくやってしまう人もいる。

なんでこんなに不平等なんだ、といつも思ってた。

正直、楽してうまくいく人を許せません。嫌いなのです。

はぁ……うまくいかない人生は苦しいです。

13
人生が苦しいです

Q1 いつも人生が苦しいのは、なぜですか？

A 『それは、渇望があるから』

インドで生まれた仏陀《ブッダ》は「人生は苦である」と言いました。我々は便利すぎる社会にいるので、思い通りにならないと、より苦しく感じるのかもしれません。この人間の「欲」が、苦しみを強くするのです。はっきり言えば、内面に「渇望」があるから、いつも苦しい。これが答えです。

ちなみに「渇望」とは、既にある（手に入れた）のに足りない！　もっとほしい！　という衝動的な感覚です。お金や力、評価、美しさや愛などは、よくある渇望の対象です。

そして多くの人は「私にお金が不足しているから、渇望しているのだ」というけれども、それは嘘だとインドで教えられました。つまり、不足しているから渇望が起きるのではなく、渇望があるからこそ不足する、というのです。

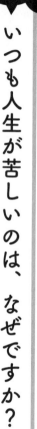

また、渇望すると、身近にいる人やその対象を憎み始める、とも教えられました。たとえば、評価してくれない、給料が少ないと感じると、上司や会社をネガティブに感じます。家族でも愛が足りない、気配りがないと感じると、相手に嫌な感じをもつのです。さらに渇望が進むと、相手が悪い人でないと自分が正当化されないが故に、相手を最悪の人だと決めつけ、離れたくなる、というのです。

その対策として、まずは自分の「渇望」に気づき「客観的に観察」すること。認めることが最初のステップです。そして、次は、相手によい部分もあることに気づき、その点に目を向けること、これを「美点凝視」といいます。そうすると、日頃は意識できていなかった素晴らしい点、助かっていること、ありがたいことにも目を向けやすくなります。

最後のステップは「感謝」です。自分は苦しい、と被害者意識をもつのではなく、生かされていることへの感謝、安全で戦争のない普通の生活へ感謝する、など。その心の習慣ができれば、苦しみから抜けられるのです。

Q2 いつも悩んでいます、何がいけないのでしょうか？

A 『変えられない過去から離れよう』

人が悩む時は例外なく、心が「今」から離れています。人の悩みは「過去」や「未来」に意識が浮遊して起きるのです。私はこれを「脳内浮遊」と呼んでいます。

その一つ目は「変えられない過去」に悩む時です。誰かにヒドイことを言われた、嫌なことをされた、などを思い出し、怒ったり、沈んだりして、その意味や解釈をくよくよと考えてしまう。また、過去は変えられないのに、執着を外せず、いつまでも誰かに許せない気持ちがある、これも「過去への脳内浮遊」です。

もう一つは「見えない未来」に悩む時です。人が不安や恐怖を感じるのは「未来への脳内浮遊」が原因です。その理由は、今まで最悪だった、大変だった、と過去がネガティブだから、また未来も悪くなると感じるからです。

では、どうすればよいのか？　答えは、ネガティブな過去から離れること。過去のトラウマや、親のせいだ、あいつのせいだ、といった怒りを手放し、人を許すことです。もちろん悩みの理由が、単純に仕事における問題解決のスキル不足の場合などもあります。が「いつも悩む」というならば「人を許さないこと」が原因の本質です。

重要な点は「人を許すことは最強」だということと「事実はどうでもよい」ということです。あなたの意味づけが、すべてなのです。過去をポジティブに意味づけて、未来に対する明るいヴィジョンを描く。

簡単な方法は、過去や未来への脳内浮遊から、今に意識を戻すこと、そして、今に感謝をすることです。今に感謝をする、とは、過去のおかげで、今があると理解すること。大変だったから成長できた、傷ついたから人の痛みが分かる人になれたなど、よい面に目を向けて、過去のおかげ、と感謝するのです。そうやって未来に希望が生まれ、人生が変わっていくのです。

Q3 許せない人がいる、怒りで震える、どうすればいい？

A『人を許すことは、最強の生き方』

人間関係において問題があり、その相手を思い出すと、許せない、怒りが湧くといった感覚は、程度の違いはあっても、全員が経験しています。

そんな時に怒りに任せて行動すると、問題は大きくなるもの。思ってもいない酷いことを口走ったり、モノに当たったり……後悔しても取り返しがつきません。そうなる前の処方箋を紹介します。短期的な方法と、長期的な方法です。

短期的な方法の最初は、呼吸です。これは即効性があります。怒っている時は、呼吸が浅くなっています。イライラや心がざわつく時は、30秒間ほどでよいので、ゆっくりと深呼吸をしてみてください。心の状態が変わります。

他にも、体を動かすこと、好きな趣味などで気分を変えるのも効果的。好きな音楽を聴きながらの散歩、映画を観る、料理をするなど、自分が楽しめることをするのです。これで気分が変わり、怒りが和らぎ、状態がよくなるはずです。他にも、プロのコーチやカウンセラーと建設的な対応を考える方法もあります。

そして、長期的な方法として「人を許すことが、最強の生き方」であると覚えておいてください。もう終わった過去ならば、許すことで、あなたが解放されます。ストレスが減ります。「相手が悪いのに、許すなんて、そんなことできない」と思われるかもしれません。しかし、許すことと、許さないことの、メリットを冷静に比較すれば、選択すべきは明らかです。許さないことのマイナスの方が大きいはず。

もう一つお伝えしたいのは、時間が解決することもあるということ。そして、人間には「忘れる」という大切な機能があるということです。故に、今を幸せに生きられるのです。ここではそうやって「幸せに生きるスキル」を身に付けようと提案しているのです。ネガティブから離れると、シンプルな心の動作ができるようになり、あなたの人生はすべてが輝いたものになるのです。

Q4

いつも我慢の人生。どうすればいいのでしょうか?

A

『我慢はしない方がいい』

我慢の人生……たとえば、馬鹿にされる、仲間から裏切られる、侮辱される、人前で失敗を叱責されるなどなど、普通は許せない気持ちになりますよね。

心を傷つけられ、罵倒されてもまったく平気という人はいないでしょう。「仕返ししたい、納得できない」「それ以上のヒドイ目に遭わせたい」普通はそういうものです。が、しかし、そういう時にこらえるのが忍耐であり、社会生活を送るうえでは、どうしても必要な心構えです。そして、この忍耐に2つの形があります。一つは「我慢」であり、もう一つは「忍辱《にんにく》」です。

まず「我慢」とは、怒りを内面に宿しながらも表面上は平静を装うことです。我慢は長続きしません。人の心の容量はそれほど大きくないのです。心の中に押し殺した怒りが、いずれ爆発する時がきます。爆発しなくても、陰鬱な顔の表情や体調不良として現れます。怒りは、次の分断の原因を生み、再び怒るという結果をもたらします。そして、それは何度も何度も繰り返すのです。心が休まるときがありません。

ここで、紹介したいのが、2つめのタイプの「忍辱」といわれる言葉です。仏教的な言葉ですが、難しく考えないでください。「忍辱」とは、相手への怒り、責める気持ちなどを流してしまうこと、なのです。

相手を批判せずに相手を理解する、受けた心の傷ではなく愛を選ぶ、あなたの正義ではなくお互いの幸福を大切にする、など。相手のよくないことに目を向けるのではなく、自分の心の内面を客観的に観察し、浮かぶ感情を川に流してしまうイメージをもつのです。握りしめた心のこぶしを開くのです。

やってみると、苦しみから離れ、心を美しい状態にすることができます。怒りの対象を許し、さらには感謝に変えていく。我慢をやめて、忍辱を意識する。それで、自然と運命は開けてくるものです。

A Q5

なぜ世界はよくならないのでしょうか？

『あなたが幸せでいることが最高の社会貢献』

世の中を見渡すと、戦争や紛争、貧困など聞くだけでも悲しいニュースが飛び込んできます。環境問題や経済格差に目を向けると、自分にできることはないと感じることもあるかもしれません。

私が、この最後のギモンでお伝えしたい答えは「あなたが幸せでいることが最高の社会貢献である」ということです。

これまでに「絆徳」という考え方を共有させて頂きましたが、これは「あなたが相手によいことをするので、ずっと一緒にいられる関係性」というものでした。逆の立場でいえば、相手が絆徳を理解し実践していれば、あなたは相手から「よいこと」をされる。だから、その人とよい状態で、ずっと一緒にいられるわけです。単純な話ですが、この輪が広がれば、世界はよくなります。

お互いがお互いに「よいこと」をする……この世界で、これ以上に大切なことなどあるのでしょうか？　大袈裟に聞こえるかもしれませんが、これだけで少なくともあなたが直接的に関わる領域においては、平和で幸せな世界が実現します。そして、これが広がっていけば、世界から貧困もなくなり、分断もなくなっていくと私は考えています。

そんな話は夢物語だと片付けるのは簡単ですが、どちらかといえば、私は現実的な話をするタイプです。あなたが幸せでいること、ただそれだけで世界がよくなっていく影響を与えているのだと、現実的な視点でもご理解いただきたいのです。

つまり、あなたが部下や上司を幸せな気分にすれば、それは、その先にいるお客さまに広がっていきます。取引先にも広がっていきます。あなたが親を、子を、伴侶を幸せにすれば、それは世代を超えて広がっていきます。あなたが相手に「よいこと」をする。ただそれだけでよいのです。この本が、そんな世界を実現するきっかけとなれば、それ以上の事はありません。

おわりに

最後までお読み頂きまして、本当にありがとうございます。この本は、2人の「おとな」を想定読者として書かせて頂きました。

一人は、様々な悩みをお持ちの20歳代の若手社会人。これから社会で活躍していこうと頑張っているけれど、未来が不安だし、希望が持ちきれない、会社や人生に対するギモンも多い人物。もう一人は、40歳代の管理職。彼らは、失われた30年や働き方改革など、大きな変化の渦に巻き込まれて、これからどうしたらよいか見えなくなっている。そんな2人の「おとな」の両方にとって、役に立つ本にしたいと思って書かせて頂きました。

前作の『絆徳経営のすゝめ』は、タイトル通り、経営者向けの本でした。今回は、幅広い読者に「絆徳」を伝えたい、気軽で読みやすい本として届けたい、と思っていたのです。

こう要約すると、本の企画としては、簡単に見えるかもしれません。ただ、書き始めて気づいたことは、これは極めて困難な仕事だということでした。

「絆徳」の考えから外れることなく、お金も仕事も、読むだけでうまくいく「答え」を端的な言葉にすること、しかも、2人の読者両方に役に立つ、本質を分かりやすく表現する、というのは、想像を絶する挑戦でした。

もちろん、皆さまの全てのギモンに答えきれていないと思いますし、読みやすくしすぎたが故に、言葉足らずの部分も多分にあったと思います。ですが、ぜひ、この本を何度も読み返して頂きたいのです。きっと必要なタイミングで、必要な答えや未来の指針となる言葉と出会えるはずです。

この言語化は、これまで私がお世話になった先生方の教え、そして、熱意をもって企画を進めてくださったフローラル出版の皆さまのサポートがなければ成し遂げられませんでした。この場を借りて御礼申し上げます。

そして、何よりも、いつも私を支えてくれている、ラーニングエッジの皆さん、そして家族に、心からの感謝を伝えたいと思います。

本当にありがとうございました。

著者

プロフィール

清水康一朗の
X（旧 Twitter）

清水　康一朗　しみず・こういちろう

ラーニングエッジ株式会社の代表取締役社長。

Forbes オフィシャルコラムニスト。

2022年1月発刊『絆徳経営のすゝめ 100年続く一流企業は、なぜ絆と徳を大切にするのか？』の著者。

「絆徳の経営スクール」代表。会員1.3万人のコミュニティ「社長の教養」を主宰。セミナーズの創始者。

鮎川義介氏などの日本的経営の研究のみならず、アンソニーロビンズ日本事務局長、ブライアントレーシージャパン株式会社の代表取締役会長、ジェイエイブラハムジャパン株式会社の代表取締役会長、ドラッカー学会推進員などを歴任。

日本人の経済教育、歴史教育、道徳教育をライフワークとして力を注いでいる。

これまでにギリシャ哲学、インド哲学、東洋思想など探求し、西洋と東洋を融合した和魂洋才の経営哲学を確立。

「精神的にも経済的にも豊かな日本に向けての貢献したい」という想いから、「絆徳の経営スクール」を立ち上げ、経営教育の流通に努めている。Apple創業者スティーヴ・ウォズニアック、YouTube創業者チャド・ハーリー、Twitter創業者ビズ・ストーンなど日本に招聘し、世界トップクラス経営者によるビジネスセミナーのイベント規模において最大規模の実績を持つ。

おとなのギモン

2024年7月30日　初版第1刷発行

著　者	清水　康一朗
発行者	津嶋　栄
発　行	株式会社日本経営センター（フローラル出版） 〒171-0022 東京都豊島区南池袋 1-9-18 GOGO オフィス池袋 250号室 TEL　03-6328-3705（代表）
メールアドレス	order@floralpublish.com
出版プロデュース	株式会社日本経営センター
編集・企画プロデュース	佐藤優樹（AIP合同会社）
編集協力	安田ナナ
印刷・製本	株式会社ティーケー出版印刷
装　丁	tobufune
本文デザイン	ヨシノブデザイン

乱丁・落丁はお取替えいたします。ただし、古書店等で購入したものに関してはお取替えできません。

定価はカバーに表示してあります。

ISBN 978-4-910017-44-0　C0036